나무가 들려주는 마을 이야기

나무와 마을, 사람들을 만나는 **나무 인문학여행**

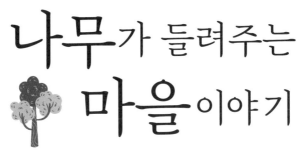

나무가 들려주는 마을이야기

만경강사랑지킴이 지음

 만경강사랑지킴이는 2017년 '만경강 생태 아카데미'(완주군청) 1년 과정을 마친 수료생들이 만경강의 생태환경 보전과 지속가능한 발전 방법을 찾기 위해 만든 자발적인 시민 환경단체입니다.

 만경강의 생태환경 보전을 위해 매달 첫 번째 월요일에는 만경강 모니터링과 환경정화 활동을 하며, 세 번째 월요일에는 만경강 유역의 역사, 문화, 생태자원의 발굴과 연구를 위한 답사를 진행하고 있습니다.

 일련의 활동을 하며 가장 안타까웠던 일이 우리의 전근대적 삶이 잊혀지고 있다는 것입니다. 새마을 운동으로 대변되는 근대화가 나은 부작용이 여실히 드러나고 있습니다. 똑같은 아파트에서 태어나 똑같은 학교에서, 똑같은 교과서로 공부한 아이들은 할아버지 세대가 살았던 초가집이나 푸세식 변소를 혐오하며 공동체에 대한 소속감이나 의무감이 없습니다. 우리 아이들에게 할아버지 세대는 극복하고 지워야만 하는 창피한 것이 되었습니다.

우리 아이를 이렇게 키운 책임이 우리 세대에 있다는 사실을 절감합니다. 우리 세대 어린 시절의 아름다운 추억을 아이들에게 물려주고, 조상들이 만들어 온 문화가 지켜져야만 하는 소중한 것임을 알려야 한다고 생각했습니다. 그래서 어르신들이 돌아가시기 전에 그분들의 삶을 채록하고 마을에 대한 기록을 남기기 위한 작업을 준비하였습니다.

마을과 어르신들의 삶을 기록하기 위해 찾은 곳마다 아름드리 나무들이 있었습니다. 기본이 200년이고 많게는 800년이나 살아남은 나무 앞에서 겸손해졌습니다. 사람의 이야기를 들으려 했지만, 인걸은 가고 나무만 남아 있었습니다. 인고의 세월을 견뎌온 나무의 이야기 속에서 마을의 이야기, 사람의 이야기를 듣고자 했습니다.

우리의 작업으로 마을의 역사가 기록되고 정체성이 확립되길 기대합니다. 우리 아이들에게 내가 사는 지역이 아름다운 곳이며 조상들이 지켜낸 소중한 곳임을 교육하는 자료가 되었으면 합니다.

내년부터는 '나무 인문학'이라는 주제로 답사 프로그램도 운영해 보려고 합니다. 이런 노력으로 지역이 중심이 되고, 지역이 활성화되며, 살 만한 곳으로 진화하길 간절히 소망합니다.

일년 내내 발로 마을 구석구석을 조사하며 어르신들과 만남을 이어온 선생님들께 감사의 마음을 전합니다. 쉽지 않은 일을 즐거움으로 감당해 주셔서 감사합니다. 이번 연구가 밑바탕이 되어 한 단계 더 깊어지는 첫걸음이 될 것입니다. 고맙습니다.

2022년 10월
대표 연구자 손 안 나

차 례

• 나무가 들려주는 구재마을 이야기

오래된 미래

• 요동마을 느티나무가 들려주는 화암사 이야기

바위 위에 핀 꽃

나무가 들려주는 구재마을 이야기

오래된 미래

이 선 애

　완주 봉동읍을 지나 동북쪽 대둔산로를 따라가다 왼편으로는 화산 저
수지를 두고, 경천교라는 다리를 지나면 전체 주민 수가 천명이 채 안 되
는 경천면이 나온다. 그 초입 왼편에 삼각형 모양의 뾰족한 산이 늘 신비
롭게 여겨져서 마음을 설레곤 했던 터이다. 10여 년 전 처음 이곳을 지날
때 받았던 뭔가 생경한 느낌은 그러나 지금도 여전하다. 이유는 도로가
반듯하게 직선으로 나 있는 모습이 작은 마을을 반으로 갈라놓은 형국이
어서 그렇다. 여간 마음이 불편한 게 아니다.
　이곳은 오복마을이다. 그 도로를 유모차에 기대어 아슬아슬하게 건너
는 허리 굽은 어르신의 모습이 눈에 밟힌다. 오른쪽으로 나란히 흐르는
구룡천 둑방 길을 따라 도로를 냈더라면 작은 마을을 세로로 두 동강 내
는 일은 없었을 것이라 생각하며 더 북쪽으로 발길을 돌린다.

날씬한 단풍나무와 버스 정거장
　왼쪽으로 난 반쪽 마을에는 집들이 도로를 향해 있다. 작은 가게를 제

단풍나무 옆 버스정류장

오복마을 담에 그린 그림

외하고는 마치 집을 보호하듯이 도로를 향해 담장이 길게 설치되어 있다. 그 담장에는 누가 그렸는지, 이곳 마을을 상징하는 여러 가지 모습을 그려 놨다. 기존의 낡은 담장에 페인트로 그림을 그려 놓은 모습을 이곳에서도 본다. 보기가 안쓰럽다. 시골집 담장이 유치원 담장인 줄 생각하나 보다. 그림이 그려진 담장 끝에는 경천 파출소가 있다. 그 앞 도로 옆으로 위태롭게 밀려 나와 있는 단풍나무 한 그루가 버스 정거장에 바짝 기대어 비스듬히 서 있다. 늘씬하게 큰 키의 단풍나무와 정거장의 모습이 바라보는 이들을 미소 짓게 한다.

지나가는 할머니께 "이 나무가 몇 살인지 아세요?" 하고 물으니 "몰라, 내가 50년 전에 시집올 때도 지금 저만하게 있었는데, 크지도 않고 여태껏 저만 하니 나보다는 더 먹었겠지" 하신다. 이 토종 단풍나무는 하루에 몇 번 다니지 않는 버스를 기다리는 정거장에 늘 서 있다. 사람들은 자주 오지 않는 버스를 기다리고, 나무는 옆에 서서 매일 함께 기다려준다. 나무의 모습이 쓸쓸해 보이면서도 정겹게 느껴진다.

나무야, 나무야

단풍나무 정거장 옆으로 조금만 위로 올라가면 경천면사무소가 나온다. 면사무소 뒤로 야트막한 산이 있다. 잣나무 군락지다. 깊은 숲에서 느낄 수 있는 평안함, 향기로움이 가득한 곳이다. 그곳에 유독 한 그루의 잣나무가 수려한 모습으로 서 있는 것이 눈에 띈다. 얼마 전까지만 해도, 잣나무 군락지에 도로를 내려는 계획에 놀란 주민은 잣나무를 살리기 위해 애를 태웠다. 그 잣나무는 마을 어르신의 말씀에 의하면, 예부터 잣나무 송진을 긁어모아 상처나 종기, 부종 등이 있을 때 고약처럼 상비약으로 사용했다고 한다.

효과가 좋아서 늘 상비해 두
었고, 타지 사람들도 소문을 듣
고 이곳 잣나무 송진을 구하러
왔었다고 한다. 그러나 1970년
대 중반 이후 목재로 쓰기 위해
잣나무를 베어냈고, 단 한 그루
의 나무만이 살아남았다. 지금
의 잣나무 군락지는 베어낸 자
리에 마을의 한 어르신이 어린
잣나무를 심어 형성되었다. 이
곳을 둘러본 전문가는 애타듯
말했다.

오복마을 잣나무

"경기 이남 평야지대는 잣나무 생육 적지가 아니라서 조림용으로 잣나
무를 심지 않는데, 이곳 마을 뒷산에 잣나무 거목과 주변 잣나무 조림지
의 증거가 남아 있다는 것은 희귀한 사례. 잘 보존해야만 한다."

경천면사무소 뒷산에 가면 벌목을 피해 꿋꿋하게 200년 넘게 산을 지
키고 있는 아주 멋진 잣나무를 만날 수 있다.

느티나무

잣나무를 보고 내려와서 경천면사무소 앞을 건너면, 긴 시간 동안 겪어
온 세월을 온몸으로 보여주는 잘 늙은 느티나무를 만나게 된다. 300여 년
을 살아온 노거수다. "매년 홍수로 마을이 큰 피해를 보고 마을 민심이 흉

흉하여지자 마을에서 제방을 쌓고 현재의 느티나무를 심어 정월 보름 전날에 제를 모시면서 마을에 평온이 찾아왔다"고 팻말에 쓰여 있다. 마을 공동체와 하나로 연결되어 공동체의 삶에 깊숙이 관여하며 중요한 역할을 해온 나무다.

마을 공동체는 자연에 대한 두려움을 나무에 의탁해 의연하게 대처했던 것 같다. 그러나 잘 정비된 천이 흐르고 있는 지금, 이제는 나무를 중심으로 마을 공동체가 형성되지 않는다. 불편을 무릅쓰고 제사를 지낼 필요도 없다. 나무 둘레가 5~7m가 될 정도로 매우 긴 시간을 마을과 함께 살아왔지만, 이제는 그 큰 나무 밑둥지에 기대앉아 푸른 하늘을 바라볼

오복마을 느티나무

수 없을 정도로 옹색한 구석으로 떠밀려나 있다. 그저 오래된 나무가 있을 뿐이다.

그런데도 나무는, 아니 나무가 가진 생명력은 수직으로 서서 땅에서 하늘로 자라며 가지를 수평으로 뻗어나가 우리를 그 밑에 모여들게 만든다. 여전히 여름의 무더운 시간에 가장 향기로운 쉼터다. 그 거대하고 지칠 줄 모르는 생명력으로 무성해진 나뭇잎 밑으로 쏟아지는 비를 피해 잠시 서서 한숨을 돌리기도 한다. 이를 그저 '오래된 나무가 있다'라고 만할 수 있을까.

오래된 미래

느티나무 옆으로 작은 죽림교가 보인다. 다리를 건너 가천초등학교까지 1.6㎞라고 쓰여 있는 안내판이 있다. 느긋하게 걸어가다 잠시 한 바퀴 둘러본다. 걸어가는 이를 중심에 놓고 한 바퀴 빙 둘러 산이 보인다. 그렇게 산이 있다. 분지도 아니면서 마치 분지처럼, 걸어갈수록 원의 중심을 향해 나아가는 듯한 착각을 일으킨다.

그러다가 옆으로 난 실개천에 눈을 돌린다. 이 개천은 사실 농수로다. 아무렇지도 않게 분지 중앙의 논과 밭을 이리저리 헤집으며 흐르고 있다. 예로부터 농사를 짓는 이곳 마을 사람들이 필요해서 만든 것이리라 짐작해 본다. 참으로 아무렇지도 않게 생긴 이 작은 개천은 그러나 이곳 주민들의 삶에 깊이 관여한 흔적이 역력하다. 소담한 모습이나, 만경강의 또 다른 발원지라고 할 수 있는 신흥계곡 돼지 샘으로부터 조졸거리며 흘러내리는 물길이 그동안 얼마나 많은 사람의 목숨 속에 파고들었을까 생각해 본다.

이 물줄기가 없었다면 건천으로 물길이 잘 잡히지 않는 구룡천의 물을 이곳 농지까지 끌어오는 것이 어려웠을 터이다. 그러나 이렇게 실개천처럼 농수로를 만들어 물길을 터놓았기에 갈수기 때도 어렵지 않게 농사를 지을 수 있었을 것이라 상상해 본다. 아쉬운 것은 이 실개천·농수로의 인공적인 관리가 다소 미흡해 보인다는 점이다. 우리의 삶이 좀 더 풍요로워져야 할 이유가 아닐까 싶다.

느긋하게 30분 정도를 걷는다. 가는 도중 고개를 들어 산을 보다가, 다시 고개를 내려 천과 전과 답을 보다 보면 이윽고 가천초등학교로 들어가는 골목길 십자로 앞에 서게 된다. 이곳에서 오른쪽에 있는 가천 보건소를 보며 몸을 틀어 올라가면, 얼마 지나지 않아 학교가 보인다. 학교로 오르는 길은 다소 가파르다. 이 길을 오르내리며 싱그러운 웃음을 흩날릴

가천초 벚나무

어린 학생들을 생각하며 걸어 오른다.

운동장 오른쪽에는 오래된 벚나무 여섯 그루가 있다. 학교의 역사와 함께 한 늙은 벚나무는 나이가 매우 오래되어 뻗어 올라가던 가지는 다시금 휘돌아 땅으로 돌아가려는 듯이 보인다. 땅으로 돌아가려는 저 나뭇가지에 따스한 눈길을 보내 본다. 나무가 우리의 삶에서 뗄 수 없는 귀한 존재인 것은 두말할 나위가 없다. 지금 여기 이 벚나무는 그중에서도 매우 긴 시간을 아이들과 함께 살아온 나무다.

아이들이 함께하는 '지금'은 과거로부터 연속적인 시간의 흐름을 타고 이곳에 도래해 있는 것이고, 다시 지금의 이 시간은 축적되어 미래로 향할 것이다. 저 나무가 긴 시간을 온몸에 머금고 지금 아이들 앞에 있는 것처럼 아이들이 자라는 자연과 환경 역시 과거로부터 지금까지 그리고 미래로 향해 나아갈 것이다. 운동장 한쪽에 서 있는 오래된 벚나무의 의미는 바로 자연과 인간의 공존을 아이들에게 공기처럼 숨 쉬게 해준다는 데에 있다.

구재마을

가천 초등학교에서 나와 다시 가천 보건소를 끼고 오른쪽으로 느릿느릿 십여 분 정도 걷다 보면 구재교가 나온다. 구재교를 지나면 젊은 괴목나무가 보이면서 아홉 명의 재상이 난다는 구재마을이 시작된다. 이곳은 묘한 사거리다. 구재교를 지나면 곧바로 오른쪽으로 굽은 길인데 십여 발자국 후에 사거리를 만나, 오던 길을 그대로 가면 구재마을 중심으로 가고, 좌측 10시 방향으로 몸을 조금 틀어 가면 신라 시대 때부터 유래되었다는 유명한 화암사 가는 길이요, 다시 좌측으로 몸을 틀어 나가면 다시

금 지방도로 17번과 만나게 된다. 그러니까 오던 길은 하나인데 갈리는 길이 셋으로 퍼진 형국이다.

구재마을에는 옛 정취를 느낄 만한 것이 없다. 인근 마을에 있는 노거수나 보호수 한 그루도 없다. 마을 옆으로 신흥천이 흐르는데, 천이 넘쳐 흐르는 것을 막기 위한 보호목도 없다. 마을 어르신께 물었다.

"어찌 구재마을에는 둥구나무 한 그루 없나요?"

"오래전에 당시 면장이 이 마을 사람이었는데, 팔아먹었어."라며 웃으신다. 그렇다. 웃지 않으면 어쩌겠는가. 어떻게 그런 일이 가능할까 기막힐 노릇이지만, 마을 사람들은 다 알고 있는 비밀이다. 얼마에 팔아먹었다는 액수까지 기억하시는 분이 있을 정도이다.

사라져버린 둥구나무가 있었던 자리에서 고개를 들어 신흥천 쪽을 바라보면 야트막한 산이 보인다. 그 산속에 동굴이 있다. 일제 강점기부터 1980년도 중반까지 금을 캐던 곳이다. 실제 남편이 금광에서 일했던 사

구재마을 금광 입구

람의 아내에게 "금광이 어떤 곳인지 가 보셨나요?"라고 물어보니 "어떻게 가봐. 여자가 금광 가면 큰일이지" 하시면서 당시의 상황을 이야기해주신다. 당시 "4~5명이 일을 하던 작은 금광이었지만, 금을 아주 많이 캤어, 기계의 도움 없이 손으로 곡괭이와 망치로 일을 했지. 그리고 마스크가 뭐야, 그냥 맨입으로 일해서 지금도 그 후유증으로 진폐증을 앓는 사람 있잖아." 온몸으로 삶을 살아내야 했던 사람들이 살았던 귀한 마을이다. 앞서 '옛 정취'가 없다고 했나?

그 많던 반딧불이와 나비는 어디로 갔을까

금광에 조금 못 미쳐 구재1교가 있다. 구재1교를 건너면서부터 신흥계곡이 시작된다. 구재마을은 아름다운 신흥계곡과 함께 있다. 작은 마을이지만 인가가 띄엄띄엄 있으면서 긴 신흥계곡을 옆에 두고 있다.

작년 7월 25일부터 이곳에서는 완주의 자연과 환경을 사랑하는 사람들이 모여 '신흥계곡을 모두의 품으로'라는 강령을 가지고 매주 토요일에 걷는다. 누구나 토요일 오전 9시에 오면 함께 걸을 수 있다. 비가 오나, 눈이 오나 한 주도 빠짐없이 걷는다.

구재마을에서 사라진 것이 둥구나무만이 아니다. 한여름 밤이 되면 은하수처럼 몰려서 흘러 다녔던 반딧불이도 사라졌다. 올여름 밤 언젠가는 눈앞에 반짝이는 것이 지나간 것 같은데, 반딧불이를 본 것 같기도 하고, 아닌 것 같기도 했다. 그만큼 간절히 기다렸다. 나비는 또 어떤가. 한 아이가 학교 갔다 오는 길에 엄마에게 들려준 아름다운 이야기가 있다.

"엄마, 학교에서 오는데 나비가 양탄자처럼 길 앞에 쫙 깔려 있었어. 내가 마치 공주가 된 기분이었어."

신흥계곡에 보석처럼 맑은 물이 흘러내리던 것은 이제 전설이다. 5~6년 전까지만 해도 볼 수 있었던 광경이다. 자연이 스스로 그러하지 못하고 있는 것이 느껴져서 아프다. 나무도, 나비도, 반딧불이도 아프다. 그리고 우리도 아프다.

마짐바위

마짐바위에 가려면 구재 1교를 건너 자연스럽게 왼쪽으로 계곡을 따라 한 오 분 정도 걷다 보면 세월교라는 아주 작은 다리를 만나게 된다. 여름철이면 청정한 이곳을 찾아 놀러 온 사람들이 계곡에서 물놀이하는 곳이다. 잠수교다. 해마다 여름 장마철에 한, 두 번씩 물에 잠겨 인적이 끊어지게 하는 아주 작은 다리다. 세월교를 지나 계곡을 따라 이어지는 산은 아주 가파르면서도 차분하다. 높이도 제법 높다. 다시 오 분 정도 높은 산과 아름다운 계곡에 취해 어슬렁거리며 걷다 보면 마짐바위 사이에 도착한다. 이곳 주민들은 바위가 마주 보고 있다 하여 마짐바위라 부른다.

마짐바위는 바위가 둘로 쩍 벌어져 있는 듯한 형국이다. 바위라고는 하나 그 크기가 상당해 바위산이라고 해야 할 것 같다. 지형은 계곡이 휘돌아 가는 형태인데, 흐르는 계곡 바닥이 바위 하나로 되어 있고 계곡물이 오염되기 전에는 수달이 지나가는 사람을 구경하는 곳이기도 했다. 지금은 자라나는 해캄으로 인해 초록색 바닥을 보인다. 벌어진 왼쪽 바위에는 쇠말뚝 4개가 같은 높이로 박혀 있다. 지금이야 이 길을 차로 다니지만, 과거에는 마짐바위 주변을 지나가기가 험해 왼쪽 바위산에 쇠말뚝을 박아 밧줄을 연결하여 그 줄을 잡고 지나다녔다.

마짐바위는 그 모습만으로도 워낙 빼어나지만, 최근 군산대학교 곽장

마짐바위   구재마을 마짐바위에 꽂혀 있는 쇠말뚝

근 교수님을 통해 알게 된 바로는, 마짐바위가 예전 가야 시대에는 앞으로 이야기하게 될 제철지를 보호하던 관문이었을 것이라 한다. 커다란 두 바위가 좁은 통로에 마주하고 있으니, 누구나 쉽게 이 두 바위를 막기만 하면 더는 신흥계곡 안쪽으로 못 들어가게 했을 것이라고 한다. 역사란 상상력을 가진 사람들의 영역이라는 생각이 든다.

서래봉 불당골에 있는 제철유적지

   마짐바위를 뒤로하고 약 500m 정도 더 올라가면 왼쪽으로 계곡과 멀리 산이 보인다. 마을 주민들은 이곳을 서래봉 불당골이라 부른다. 옛날 이곳에는 절터가 있었다고 한다. 이곳은 또한 서래봉으로 등산하기 위한 시작점이기도 하다. 그래서 서래봉 불당골이라 부르는가 보다. 계곡 입구에는 민가가 이미 한 채 들어서 있고, 아름다웠던 야산을 뭔가로 개발하려는 공사가 한창 진행 중이다. 이제는 "무엇보다도 산에 대한 깊은 애정을 가지고 살아 있는 생명체로서 산을 대해야만 한다."고 말하는 사람이 없는 것 같다. 계곡의 이산 저산 곳곳에서 벌어지는 풍경이니 무심하게 지나다닌다. 자본주의의 현실을 낭만적으로 받아들일 여력이 없다. 누군 가에게 산은 한갓 흙과 돌무더기로 이루어진 것일 터이다.

사람들의 발길이 드문 서래봉 불당골 계곡은 입구부터 범상한 모습이 아니다. 완연한 원시림이어서 일없이 올라가기는 쉽지 않을 것 같다. 기 꺼이 순례자가 되어 미궁으로 들어가는 각오가 필요하다. 앞서가는 사람 이 낫으로 우거진 숲에 짐작으로 길을 만들며 갔다. 그 좁은 길에서 바위 모서리나 휘어진 나뭇가지를 붙잡으며 조심조심 걷는다. 이곳을 안내해 주신 선생님은 제철지를 처음으로 발견한 분이다.

완주군의 봉수대와 산성, 제철지 등을 기록작업하는 황재남 사진가인 데, 얼마 전 이곳을 발견하여 함께 가게 되었다. 그의 안내에 따라 얼마 걷지 않아, 한 십여 분 걸었을까, 오른편으로 커다란 바위가 나오는데, 그 모습이 예사롭지 않았다.

돌이 있는 바닥에 괴임석이 있는 것으로 보아 고인돌이 아닐까? 속으 로 생각을 하면서 걷기 시작하자 잠시 후, '아이언 로드'가 나온다. 이 길 은, 바위 윗부분이 뾰족하고 경사가 있어서 오른쪽 천으로 미끄러지기 쉬 운 곳을 정으로 쪼아 사람 발 두 개가 겨우 지나갈 정도의 평편한 길이다. 길이는 두 자(60㎝) 정도에 불과한데, 이 길이 있어서 다니던 사람들이 천 으로 미끄러지지 않고 안전하게 지날 수 있었을 것이라 상상해 본다. 물 론, 이 길을 아이언로드라고 이름 지은 분은 군산대학교 가야문화 연구소 의 곽장근 교수님이다. 그가 발견하고 명명한 것이다. 가야 시대를 전문 으로 연구하기에 가능했을 터이며, 우리는 그분의 역사적 상상력에 감동 할 뿐이다. 이렇게 아이언로드를 따라 걸으며, 산죽이 풍성한 지대를 지 난다.

산죽은 어른 허리만큼 오는 크기로 천에서 시작해 산 중턱에까지 무리지어 있다. 그래서 길 찾기가 다소 힘들다. 길은 예감으로, 직감으로 그리고 먼 곳으로 눈을 돌려 내가 지금 있는 곳을 확인해 가며 찾아가야 한다. 이윽고, 좌측으로 숯 가마터가 나왔다. 물론 내 첫눈에 숯 가마터가 들어온 것은 아니다. 앞서가던 선생님의 지시가 없었더라면 그저 돌무더기로만 여겼을 그런 곳인데, 사진가의 매서운 눈썰미와 경험 많은 교수님의 상상력이 알아차린 그 덜미에 우리의 시선이 가 닿은 것일 뿐이다.

이 계곡에 숯가마 터가 필요했던 것은 숯 자체를 위한 것도 있지만, 숯을 통해 돌 속의 철을 끄집어낼 수 있었기에 제철지마다 이런 숯 가마터가 반드시 있다고 한다. 돌 속에 쇠를 얻는 것은 높은 온도의 불이 아니고 선 불가능할 터인데, 그냥 나무를 태워 얻는 불의 온도보다 숯을 만들어 얻는 불의 온도가 더 높아서 그렇다는 것이다. 우리가 지금 사용하는 숯의 용도와는 사뭇 다르다.

이 숯 가마터를 지나면 바로 사람이 기거했을 것 같은 장소가 나온다. 이 또한 돌담이 둥근 모습으로 성글게 남아 있는데, 우리의 선지식으로는 알아채기 힘든 모습이다. 함께 한 곽장근 교수의 설명이 우리의 탄성을 자아내며, 쉽게 우리를 천 년 전으로 여행할 수 있게 해주었다. 이 옛 조상들의 숙소를 지나면 바로 제철지가 나온다.

제철지란 쇠를 제련하는 곳이다. 지금은 그 제련하던 흔적은 거의 없고, 철을 제련한 후 남은 슬러지(찌꺼기)를 모아 놓은, 마치 무덤 같은 '더미'만 보일 뿐이다. 여기서부터는 우리의 호흡 역시 역사적인 상상력을 동반해야 한다. 그저, 쇠를 만들고 남은 찌꺼기에서 천년의 세월을 느껴야 하기에 조금 더 섬세한 관찰과 마음의 동반이 필요하단 것이다. 이 슬

제철지   제철지 슬러지

러지 더미는 크지 않다. 그러나 제철 슬러지 더미가 이처럼 작은 모습인 이유는 당시 제철했던 활동이 적어서 그런 것이 아니라, 긴 세월을 지나오면서 때로는 장맛비에 쓸려 천으로 내동댕이쳤을 것이기도 하고, 때로는 내리덮은 낙엽에 의해 파묻혀 그 모습이 작게 보일 수도 있을 터이다. 그러나 너무도 다행스러운 것은 아직도 연구 보존할 만큼의 슬러지 더미가 남아 있다는 것과 더불어 숯가마터나, 장인들의 숙소, 혹은 아직 확실하지 않으나, 고인돌 같은 유적의 모습이 매우 건강하게 잘 남아 있다는 것이다.

　이곳은 좁은 계곡이다. 계곡이란 물길을 이야기하는 것이기도 한데, 물의 길이 변함없이 고정된 것만이 아니라, 당해 내린 빗물의 양과 속도에 의해 조금씩 그 방향과 모습을 달리하기도 한다. 바로 천 옆에 긴 세월 머문 제철지를 애달픈 마음으로 바라보는 일 역시 우리가 감당해야 할 몫이라 생각한다. 그 제철지를 지나 조금 더 산 쪽으로 오르다 보면 좌측에 완만한 경사진 곳이 보이고 이곳에서는 종종 고려 시대를 짐작하게 하는 도기나 자기 조각 혹은 초벌 구운 쇠를 품은 붉은 돌덩어리를 발견하기도 한다. 그리고 계곡의 신비는 서래봉으로 향해 나아간다. 여기서부터는 등산이다.

다시, 발길을 되돌려 제철지 입구까지 나와 좌측으로 난 길을 따라 한참을 걷는다. 이 길은 왼편으로 혹은 오른편으로 천의 방향이 바뀌면서 함께 한다. 좌우로 천만이 아니라 그 천에 덧대어 높다란 산이 연달아 이어지는데 그 높이는 해가림이 심할 만큼이어서 겨울철 걷기에서는 오후 두 시가 채 못 지나 산 너머 사라지는 해님에게 서운함을 느낄 정도다. 이 길을 이십여 분 걸으면 이제 먹뱅이와 왜재로 나뉘는 삼거리가 나온다. 왼쪽으로 몸을 돌리면 먹뱅이라 일컬어지는 구룡사가 있는 골짜기이고, 오던 길을 그대로 가면 임진왜란 때 일본군(놈)들이 넘어왔다 하여 이름 지어진 왜재가 나온다. 신흥계곡의 최상류다. 왜재는 사람의 통행이 불가능하다. 불교를 표방하는 어떤 종교단체가 좌우의 산을 사고 계곡을 막아 주민들의 통행을 막고 있기에 그렇다.

신흥계곡 발원지인 돼지샘

좌측으로 구룡천을 끼고 삼십여 분 땀 흘리며 걸으면, 작은 표식으로 구룡사 입구가 나온다. 입구랄 것도 없는 것이 홍살문이 있거나, 대문이 있는 것은 아니고, 좌측에 돌무더기를 쌓아 누군가의 치성을 확인할 정도의 흔적이다. 이곳에서 오른쪽에 있는 산을 오르면 그 정상에 '돼지샘'이 있다. 누가, 물이 산보다 높다 했는가. 참으로 그 높은 산 정상에 물이 나는 샘이 있는 것이다. 오르는 길 역시 좁은 골짜기라서, 그리고 험하기 이를 데가 없어 난감한 마음을 품고 가야 하지만 막상 정상에 오르고 나면 맞은편 산 정상과 눈 맞춤을 할 수 있으며, 동쪽 산 정상을 향해서는 "야

돼지샘

호"를 서슴없이 외칠 수가 있다.

그 정상에서 두어 걸음 밑에는 돼지샘이 있다. 돼지샘이란 이름은 그곳에 산돼지들이 와서 샘물을 마시기도 하고 그 옆 진흙에 몸을 부비며 벌레를 털어냈다는 것에서 유래되었다고 한다. 지금도 그 주변의 나무들을 잘 살펴보면, 굵은 나무 밑동에 두어 뼘 높이로 진흙이 묻어 있는 것을 볼 수가 있다. 한두 군데가 아닌 것으로 보아 이곳에 산돼지들이 많이 서식하는 것을 알 수가 있다. 또한 정상과 돼지샘 중간에서는 많은 기왓조각을 발견할 수 있다. 검은 찰흙으로 빚은 전통 기와인데, 큰 것은 손바닥만한 것도 보인다.

영문을 몰라 나중에 오래 살아오신 어르신께 여쭈어보니 옛날 옛적에 그곳에 절이 있었다고 하기도 하고, 또 그곳에 숯가마 터가 있었다고 하기도 한다. 숯가마 터는 잘 알 수가 없으나, 기왓조각이 그처럼 많이 남아 있는 것으로 미루어 그 산 정상 돼지샘 근처에 전통 절이 있었을 것이라는 추측은 타당해 보인다. 왜 예전에는 이런 것을 사진으로 남겨 놓지 않았을까 하는 아쉬움(?)이 든다. 나만의 아쉬움이려나?

이곳 돼지샘이 있는 정상에서 보면 서쪽이나 남쪽보다는 동쪽과 북쪽이 잘 보인다. 오래전부터 이곳을 중심으로 보면, 외침의 통로는 동쪽과 북쪽이었을지 모른다. 입구는 마짐바위가 잘 막고 있고, 높은 이곳에서는 동쪽과 북쪽에서 올리는 봉수의 모습으로 자신을 지키는 근거로 삼았을 수 있겠다 하는 상상을 해본다.

이제 돼지샘에서 내려와 다시 마을 쪽으로 천천히 발걸음을 옮기면서 큰 도로에서 얼마 떨어지지 않은 이곳이 왜 이처럼 원시림의 형태를 간직하고 있고, 가야 시대의 문화유적이 그리고 나아가 더 오랜 시간을 머금은 고인돌 같은 유적이 이제야 제 모습을 드러내고 있는가 하는 생각을 깊이 해보게 된다. 이곳의 삶이 그만큼 소박했기 때문일까? 혹은 이 신흥계곡의 길이 외통길로, 들어가면 반드시 되돌아 나와야 하는 곳이어서 그랬을까? 잘 모르겠다. 하지만, 이곳에서 오래 산 어르신들의 드문드문 한 이야기 속에는, 이곳 신흥계곡의 옛이야기가 섞여 있다.

어떤 종교단체가 집단으로 들어와 살았었다던가, 육이오 때는 빨치산들이 이곳을 근거지로 삼았었다던가, 하는 이야기 말이다. 하지만, 지금이 계곡을 맑은 마음으로 걷는 우리에게는 간지르는 상긋한 바람과 졸졸흐르는 천의 물소리와 쉼 없이 지저귀는 새 소리만 온몸에 가득하다. 이모든 행복의 원천은 그러나 나무다. 나무의 뿌리에서 샘솟는 저 맑은 물이 바로 우리 생명의 근원이다. 그 근-원 안에서 우리가 산다.

요동마을 느티나무가 들려주는 화암사 이야기

바위 위에 핀 꽃

김 왕 중

완주군에서 유일한 국보가 있는 화암사를 가기 위해서는 경천면 요동
(堯洞)마을을 지나게 된다. 요동마을은 전주에서 봉동, 고산을 거쳐 대둔
산 방향으로 가는 중간에 있는 마을이다. 17번 국도를 따라 경천면 소재
지를 지나 최근에 개통된 용복터널을 통과해서 오른쪽으로 접어들면 된
다. 중간에 갈림길이 나오면 왼쪽 길로 가야 한다. 길이 좁아 차 한 대가
지날 수 있는 정도다. 천천히 여유를 가지고 가라는 의미인가 보다. 들판
너머 머지않은 곳에 마을이 보인다.

마을 입구의 시무나무와 장승

마을 입구에 들어서면 가장 먼저 눈에 들어오는 것이 시무나무와 장승
이다. 옛 마을에서 흔히 볼 수 있었던 풍경이기도 하다. 시무나무는 느릅
나무과 낙엽 활엽교목이다. 20리목(二十里木)이라 부르는 나무로 일정한
거리를 표시하며 과거길을 안내했던 역할을 했다. 또 마을 입구에 있으면
서 자연스럽게 당산목이 되었고, 무사 안녕을 기원하는 기도처인 서낭당

역할을 했다.

예전 요동마을은 한양으로 가는 길이 지나는 곳이어서 잠시 쉬기도 하고, 묵어갈 수 있는 주막거리가 있었다. 주막에서 쉬었다 길을 나서면서 낡은 짚신을 갈아 신고 벗어 놓은 신발을 나무에 걸고 발병 나지 않고 한양까지 무사하게 가길 기원했다는 풍습이 전해진다. 그런 연유로 요동마을을 한국전쟁 이전까지는 신을 걸었다는 의미를 지닌 '신거(新呂)렁이'라고 불렀단다. 요즘은 아름다운 우리말인 '싱그랭이마을'로 불린다.

500년 된 느티나무 보호수

시무나무를 지나자 길은 집과 내 사이를 비좁게 비켜간다. 길가에는 돌담 흔적이 잘 남아 있고, 마을 앞으로는 내가 흐른다. 시우동 방향에서 흘러온 물이 마을 앞을 돌아 흐른다. 물길을 따라 느티나무가 길게 늘어서

요동마을 시무나무

있다. 마을의 역사를 느끼게 해주는 나무들이다. 언뜻 보기에는 냇물이 넘쳐흐르는 것을 막기 위해 심은 호안목(護岸木)으로 보인다.

그렇지만 마을 사람들은 이곳에 나무를 심은 다른 이유가 있다고 말한다. 마을 앞산을 보면 산 형상이 홍어를 닮았고, 마을 사람들은 그런 산 모습이 편하지 않았다. 홍어가 항상 마을을 노려보고 있다고 생각했기 때문이다. 그래서 주민들은 홍어가 마을로 들어오지 못하도록 마을 앞에 느티나무를 심었다고 전해진다. 마을을 보호하기 위해 심은 비보림(裨補林) 역할을 했던 것이다. 그 중 수령이 500년 된 느티나무는 보호수로 지정되었다. 우람한 느티나무를 접하는 순간, 경외감이 느껴졌다. 그 묘한 감정은 쉽게 지워지지 않고 오랫동안 여운으로 남았다.

보호수로 지정된 요동마을 느티나무

요동마을 풍경, 안동네와 바깥뜸

요동마을이 처음 형성된 것은 약 800년 전 신씨 성을 가진 가족이 들어와 살면서였다고 전해진다. 꽤 역사가 오래된 마을이다. 마을은 화암사 방향에서 흘러온 하천을 경계로 두 개로 나누어져 있다. 안쪽에 있던 마을을 안동네라고 불렀고, 바깥쪽은 주막거리가 있어 주막뜸 또는 바깥뜸이라고 불렀다.

느티나무 보호수 왼쪽 화암사 계곡에 있는 마을을 안동네 동쪽에 있다고 해서 동향동(東向洞)이라 했고, 오른쪽 계곡에 있는 마을은 비가 가장 먼저 시작된다고 해서 시우동(始雨洞)이라 했다. 마을을 돌아보면 800년 역사를 가진 마을답지 않게 오래된 집을 찾아보기 어렵다. 그 이유는 한국전쟁 당시 마을 전체가 불탔기 때문이다.

안동네로 가기 위해 다리를 건너면 감나무가 도열해 있고, 그 끝에 큰 느티나무가 있다. 마을 당산제를 지내왔던 당산목이다. 지금도 나무에 금줄이 걸려 있다. 2020년부터는 당산제를 바깥 마을에 있는 보호수로 지정된 느티나무에서 하고 있어 당산목의 지위를 잃었다. 안쪽 마을을 지나 산 방향으로 더 올라가면 밭이 끝나는 지점에 우뚝 서 있는 나무가 보인다. 이 나무가 산신제를 지내는 돌배나무다. 나무 수령은 300~400년 정도 된 것으로 추정하고 있다. 당산제를 지내는 날 제주와 집사만 참석해서 산신제를 먼저 지낸다. 마을을 돌아 다시 느티나무 보호수 있는 곳으로 갔다.

보호수로 지정된 느티나무 뒤쪽에 옛 원 터가 있었다고 전해진다. 조선시대 역참이 금산과 삼례에 있었는데 거리가 멀어 관리들이 중간에 묵었다 갈 수 있도록 객사가 있던 곳이다. 지금은 아쉽게도 기왓장 흔적과 원

터라는 이름만 전해질 뿐이다. 느티나무 바로 옆에는 요동마을영농조합에서 운영하는 체험장과 두부요리 전문식당인 싱그랭이콩밭식당이 있다.

바위 위에 핀 꽃, 화암사

봄이 찾아오면 요동마을 주변은 야생화 천국이 된다. 특히 노루귀, 복수초, 얼레지와 같은 야생화가 자생하고 있어 아름아름 꽃을 보러 찾아오는 사람이 많다. 전라북도에서는 12개 시·군에 생태관광지를 조성하고 있는데, 완주군에는 경천면에 있는 요동마을에서 화암사로 이어지는 지역이 선정되었다.

국보 제316호인 화암사 극락전이 있어 생태관광지로서 좋은 환경을 가지고 있다. 사계절 다 좋은 곳이지만 야생화 관찰을 위해서는 봄철이 최고다. 완주 생태관광지 조성은 요동마을을 중심으로 진행되고 있다. 요동마을이 자랑하는 야생화들이 있기 때문에 가능했던 일이 아닌가 한다.

노루귀는 이른 봄 시우동 계곡 산에서 귀여운 모습을 드러낸다. 복수초 꽃과 얼레지 꽃은 화암사 오르는 계곡에서 만날 수 있다. 눈 속에서 꽃을 피운다는 복수초는 2월부터 시작해서 한 달 넘게 계곡을 노랗게 물들인다. 복수초 꽃이 조금 시들해지기 시작하면 계곡을 따라 얼레지 꽃이 화사하게 피기 시작한다. 주차장에서 시작되어 절까지 이어지는 얼레지 꽃길은 가히 환상적이다. 이런 야생화들은 봄에 완주 생태관광지에서 만나는 자연이 주는 선물이다.

마을 입구부터 화암사 입구 숲까지 하천을 따라가는 십 리 길에는 홍도화(紅桃花)를 심었다. 아직은 심은 지 얼마 되지 않아 손을 보아야 하는 것들이 많이 있지만 잘 가꾸어 놓으면 명품길이 될 것 같다. 홍도화 십 리

화암사 가는 길에 핀 얼레지꽃

길을 따라가다 보면 싱그랭이숲이 조성되고 있는 것을 볼 수 있다. 마을을 지나 화암사 가기 전에 다리 건너편에 있다. 마을 산 부지를 활용해서 야생화와 다양한 나무를 심어 생태체험장으로 활용할 계획이다.

싱그랭이숲 입구에서 도로 쪽을 보면 유리온실이 있는데 '싱그랭이 에코정원'이다. 온실에는 많은 종류의 화초를 키우고 있다. 향후 견학과 체험장으로 활용하기 위해 준비 중이다. 카페도 구상하고 있다고 하는데 분위기가 괜찮아 보인다. 싱그랭이 에코정원은 이런 체험장과 쉼터 역할을 하겠지만, 이곳 싱그랭이 에코빌 생태관광지를 찾는 사람들의 이동 속도를 조절하는 역할도 담당하고 있다. 화암사 숲과 요동마을을 연결해 주는 가교인 셈이다.

싱그랭이 에코정원을 지나 조금 더 올라가면 화암사로 가는 숲이 시작된다. 숲 입구부터 주차장까지 가는 숲 산책로도 만들어져 있다. 일반적으로 승용차를 이용해서 오기 때문인지 주차장까지 차를 타고 가는데, 숲 입구에서부터 숲길을 걸어보는 것도 좋을 것 같다. 걷다 보면 계절마다 예쁜 꽃들을 만난다. 봄철에는 길마가지 꽃이 예쁜데, 여름에는 산수국과 맥문동꽃이 반겨준다. 주차장을 지나 숲길을 따라 오르는 화암사 가는 길도 예쁘다. 야생화가 있어 그렇기도 하지만 졸졸졸 흐르는 계곡물 소리를 들으며 굽이굽이 돌아가는 길이 운치 있다. 화암사까지는 적당한 속도로 걸어도 20분이면 도착할 수 있기 때문에 너무 서두를 필요는 없어 보인다. 천천히 해찰하면서 걸어도 좋은 길이다.

숲길은 계곡을 따라가는 길이라서 대부분 데크길로 만들어져 있어 편하게 오를 수 있다. 화암사로 오르기 직전에 철 계단을 이용해서 절벽으로 오르게 된다. 철 계단 아래로 떨어지는 폭포수 물길이 시원하다. 철 계단을 오르면 화암사 건물이 눈에 들어온다. 화암사는 산 위쪽 좁은 터에 자리 잡으면서 불필요한 과정을 생략했다. 흔히 절 입구에서 만나는 일주문도 없고, 사천왕문 역시 없다. 대신 폭포를 거슬러 오르기 위해서 철 계

화암사 풍경

단을 오르고, 다시 절 안으로 들어가기 위해 돌계단을 올라야 한다. 이렇듯 화암사에는 절 안으로 들어갈 때 문을 거치는 것이 아니고 계단을 거쳐야 된다.

돌계단을 오르면 우화루가 맞이한다. 절 안으로 들어가기 위해서는 우화루 옆 돌계단을 이용해서 올라야 한다. 계단을 오르다 우화루 옆 사랑채 앞에 있는 목단과 눈이 마주쳤다. 목단 크기를 보니 수령이 꽤 되어 보인다. 작은 문을 통해 절 안으로 들어섰다. 국보 제316호로 지정된 극락전이 정면에 보인다. 극락전은 우리나라에서 유일한 하앙식 구조로 된 건축물이기 때문에 목조건축 연구에 귀중한 자료이다. 극락전을 앞뒤로 돌아보면서 유심히 보아두었다.

극락전 뒤쪽으로 돌아가면 늙은 매실나무 아래 작은 승탑 한 기가 있다. 특별히 멋을 부리지 않은 평범한 승탑에 마음이 끌린다. 극락전을 돌아 나와 우화루(雨花樓) 앞에 섰다. 우화루라는 이름이 예쁘다. 우화루에 앉아 꽃비가 내리는 풍경을 보고 싶다는 생각이 들었다.

승방인 적묵당(寂默堂)은 'ㄷ'자형 모습을 하고 돌아앉아 있는 구조를 하고 있는데 절 안쪽으로는 툇마루를 만들어 절을 찾는 관광객들에게 자리를 내주었다. 마루에 걸터앉아 모든 것을 내려놓고 잠시 쉼의 시간을 가졌다. 절을 나서는 발걸음이 가벼워졌다. 우화루 배웅을 받으며 올라왔던 길을 되돌아 천천히 걸어 내려왔다. 맑은 계곡물 소리가 마음까지 시원하게 해준다.

• 교전 마을숲이 들려주는 만경강 이야기

문화에 생기를 불어넣다

• 안남마을 느티나무가 들려주는 대아저수지 이야기

한국의 나이아가라폭포

교전 마을 숲이 들려주는 만경강 이야기

문화에 생기를 불어넣다

손 안 나

만경강 방수제를 축조하면서 조성한 교전 마을 숲

고산면 읍내리 교전마을에서는 총 여섯 그루의 보호수가 있는데 다섯 그루는 만경강 변에, 한 그루는 고산초등학교 가는 길가에 있다. 한 지역에서 이렇게 많은 보호수를 만나는 일은 흔치 않은 경우이다. 마을에 보호수가 있다는 것은 오래된 마을이라는 뜻이고, 여러 그루의 보호수가 있다는 것은 마을에 마을숲이 있었다는 뜻이다.

마을 숲은 마을의 필요 때문에 만들어지고 보호, 유지되는 숲으로 마을 사람들의 생활과 깊은 관계를 맺고 있어 마을의 역사와 문화를 담고 있다. 읍내리 교전 마을 숲은 '고산임수'라고 불렸는데, 조성 이유가 자세하게 기록되어 있다.

1938년 조선총독부 임업시험장에서 간행한 《조선의 임수》에 보면 고산임수의 조성은 약 300년 전에 전주판관 신사영이 만경강 방수제(防水堤)를 축조할 때 함께 조성하였다. 이후 역대 지방관들은 고산임수가 훼손되는 것을 막고 잘 관리하였다. 그러나 일제강점기 조선총독부는 마을 숲의 소유권이 마을공동체에 있음을 인정하지 않았다. 주인이 없는 마을 숲은 훼손되기 시작하였고, 행정구역의 변경과 여러 차례의 홍수 등을 거치며 마을 숲은 옛 모습을 잃었다. 그러나 여전히 마을 사람들에게 마을 숲은 소중한 존재이다.

교전 마을 숲이 조성된 가장 큰 이유는 홍수를 막으려는 목적이 컸다. 고산 주변에는 사인봉, 안수산, 서방산, 구명산 등 비교적 높은 산이 많은데 하천의 유역 면적이 좁아 비가 많이 오면 물난리를 겪을 수밖에 없는 구조였다. 1913년부터 23년간 기상을 관측한 자료에 의하면 고산의 평균 강수량은 1,305㎜이고 연 최고 강수량이 2,019㎜이다. 1일 강수량이 403㎜인 셈이다. 결국 사람들은 만경강의 범람을 막기 위해 제방림을 조성해야만 했다.

치소가 있었던 고산면 읍내리

고산면은 백제 시대에는 '난등량' 혹은 '고산'으로 불리다가, 통일신라 경덕왕 16년에 고산현이 되어 전주부에 속하였고, 조선 시대에는 고산군으로 이름을 바꾸었다. '난등량'은 '우뚝 솟은 산이 있는 곳'이란 뜻으로 한자로 쓰면 '고산'이다. 1914년 행정구역이 통폐합되면서 전주군 고산면이 되었고 1935년에는 완주군 고산면이 되었다.

고산군(高山郡)은 현재 완주군 고산면, 비봉면, 동상면, 화산면, 경천면, 운주면에 해당하는 지역으로 치소가 읍내리에 있었다. 이것을 증명하는 유적이 고산향교이다. 향교는 조선 시대의 공립학교로 보통은 관아 옆에 건축한다. 아마도 고산초등학교 가는 길가에 있는 느티나무 주변에 관아가 있었을 것이라는 게 개인적인 소견이다. 향교 옆에는 만 그루의 대

고산 세심정, 1585년 의주목사 만죽서익이 지은 정자로 2005년에 복원했다.

세심보 보호수. 세심정 앞을 흐르는 만경강 물이 깨끗해 세심청류라 하였다. 만경8경의 하나이다.

고산향교

나무를 심고 만죽이라는 호를 사용했던 서익 선생이 만경강의 아름다운 물에 마음을 씻기 위해 만든 세심정이 있다. 고산에서 바라보는 만경강이 깨끗하고 아름답기 때문이다.

전북의 대표 관광지는 대부분 만경강 유역

　만경강은 동상면 사봉리 막은대미골 밤샘에서 발원하여 김제 망해사에 이르기까지 약 88㎞를 유유히 흐른다. 발원지 밤샘부터 경천저수지를 지나온 고산천과 합류하는 곳까지는 지방하천 만경강이고, 그 이후는 국가하천 만경강이다. 지방하천의 관리는 지자체에서 하고, 국가하천의 관리는 국토교통부에서 한다. 2022년부터 만경강의 관리가 환경청으로 이관되었다. 만경강을 환경청에서 관리하면 좀 더 생태 환경적인 관점에서 관리될 것이라 기대한다.

만경강은 전라북도에서 시작하여 전라북도에서 생을 마감하는 하천으로 완주, 전주, 익산, 군산, 김제 등 5개 시, 군을 지나며 선사 시대부터 사람들의 삶의 터전이었고 우리 지역의 역사와 문화, 생태를 품은 천혜의 관광자원이다. 만경강에는 초기 철기문명, 고조선 기준왕의 남진, 백제의 찬란한 문화, 조선의 발상지에 관한 이야기가 흐르고 있다.

만경강의 지류는 소양천, 고산천, 전주천, 익산천, 마산천, 탑천 등이 있으며 소양천에는 송광사와 웅치전적지, 고산천에는 경천저수지, 전주천에는 한옥마을, 익산천에는 왕궁리 유적지, 마산천에는 구이저수지와 이서 콩쥐팥쥐마을, 탑천에는 미륵사지가 있다. 전라북도 대표 관광지가 모두 만경강 유역에 있다고 해도 과언이 아니다.

만경강을 찾는 철새는 약 6천여 마리로 노랑부리저어새, 고니, 쇠부엉이, 흰꼬리수리 등 멸종위기종과 천연기념물이 다수이다. 만경강 상류에는 수달과 삵, 담비, 하늘다람쥐가 있고, 다묵장어, 퉁사리 등 우리 고유 어종이 살고 있다. 북방식물인 개쇠뜨기, 식충식물인 통발, 고유종인 흑삼릉, 꼬리명주나비의 먹이식물인 쥐방울덩굴, 희귀식물인 낙지다리, 어리연, 왜개연, 자라풀 등 식물자원 역시 풍부하다.

이러한 자원들을 잘 관리하고 보존하기 위해 경관보존지역이든 야생동물보호지역이든 보호지역으로 지정해야 한다. 가능하면 환경부장관이 지정하는 습지보호구역이면 좋겠다. 습지보호구역으로 지정한 후에는 행정과 주민이 협력해서 잘 관리하여 람사르습지로 등재해야 한다.

람사르 협약(Ramsar Convention)은 1971년 이란의 람사르에서 채택된 정부 간 조약으로 국제적으로 중요한 습지를 보호하기 위한 협약이다. 이런 생태의 보고를 훼손하지 않고 지키려면 많은 사람에게 우리가 가지고 있는 소중한 자원이 무엇인지 알려야 한다. 만경강생태아카데미를 수료한 사람들이 모인 만경강사랑지킴이의 활동에서 보듯 알아야 지키겠다는 마음이 생기는 것이다. 더 많은 사람에게 만경강의 소중함을 알릴 수 있도록 성인과 학생을 대상으로 하는 만경강생태아카데미가 꾸준히 만경강에서 진행되기를 희망한다.

만경강힐링도보테라피 8코스

마음이 어지럽거나 우울할 때는 만경강에 나간다. 어렸을 때부터 힘든 일이 생기면 마음이 풀릴 때까지 걸었다. 그렇게 하염없이 걷다 보면 위로를 받고 해결 방법이 보이기도 한다. 건강한 삶을 위해 사람들이 일만 보 걷기를 한다. 자신을 찾기 위해 산티아고 순례길도 걷는다. 걷는 것이 힐링이고 치료이며 인문학이다.

만경강 88㎞를 걷는 '만경강힐링도보테라피'라는 답사 프로그램을 만경강사랑지킴이에서 운영하고 있다. 총 8개 코스로 진행되는 만경강힐링도보테라피 시작점은 만경강 발원지 밤샘이다. 완주군 동상면 밤티마을 밤샘에는 뻐꾹나리 자생군락지가 있다. 뻐꾹나리는 멸종위기 한국특산식물로 남부지방의 숲속에서 서식한다. 동아시아에 20여 종이 서식하는데 대한민국에는 1종만 있고, 농림축산식품부령 제394호로 희귀식물에 지정되어 있다. 밤티마을에서 발원지 밤샘까지 왕복 3㎞가 만경강힐링도보테라피 제1코스이다.

만경강힐링도보테라피 제2코스는 밤티마을에서 거인마을까지 약 8㎞이다. 이 구간에서는 만경강을 가장 가까이 만날 수 있다. 사람이 만든 도로와 자연이 만든 물길을 지나며 사람과 자연의 공생에 대해 생각하는 시간을 가질 수 있다. 마지막 거인마을에서는 동상면의 상징인 고종시 시조목을 만날 수 있다. 또한 고종시 마실길을 통해 학동마을, 위봉폭포, 위봉사로 넘어갈 수도 있다.

만경강힐링도보테라피 제3코스는 인도가 없기에 차량으로 운행해야 한다. 이 구간은 아름다운 드라이브 길로 선정되었다. 이 길에서는 우거진 나무 터널과 길옆으로 펼쳐진 동상저수지와 대아저수지를 만날 수 있다. 저수지 주변으로 옛날 사람들이 다니던 길이 아직 남아 있는데 이 길이 사라지기 전에 복원하여 도보여행이 가능한 날이 속히 오기를 바란다.

만경강힐링도보테라피 제4코스는 고산 창포마을에서 봉동 상장기공원까지 약 12㎞이다. 이 구간에서는 역사, 문화, 생태를 모두 만나면서 만경강의 진수를 느낄 수 있다. 만경강의 고갱이라고나 할까! 놀토피아와 한옥을 체험할 수 있고 고산향교, 세심정 등의 유적을 만날 수 있으며, 고산미소시장의 맛집 탐방이 가능하고 상장기공원에서 당산제와 봉동 씨름을 만날 수 있다.

봉동 상장기공원의 당산나무

만경강힐링도보테라피 제5코스는 봉동상장기공원부터 비비정예술열차까지 약 12㎞이다. 이 구간에는 완주생강의 천년을 이어온 전통농업시스템과 생강굴, 신천습지, 비비정과 비비정예술열차가 있다.

만경강힐링도보테라피 제6코스는 비비정예술열차에서 익산 만경강문화관까지 약 12㎞, 제7코스는 만경강문화관에서 만경1경인 만경낙조 공원까지 약 12㎞, 제8코스는 만경낙조 공원부터 망해사까지 약 12㎞이다.

문화에 생기를 불어넣다

만경강은 우리가 가진 가장 큰 자산으로 자연 그대로 남아 있기에 가치가 있는 것이다. 만경강을 통해 문화에 생기를 불어넣고 자연 그대로 지켜낼 때 만경강의 기적은 이루어질 것이다. 만경강의 기적을 위해 가장 먼저 해야 할 일은 만경강에 사는 동·식물에 대해 자원조사를 해서 도감으로 만들어야 한다. 우리가 가진 자원이 무엇인지 정확하게 알아야 제대로 지킬 수 있다.

만경강의 기적은 생태관광을 통해 만들 수 있다. 만경강을 중심으로 5개 시·군을 하나의 권역으로 묶어내야 한다. 완주의 국가중요농업유산인 완주생강, 생태의 보고인 신천습지, 전주의 한옥마을, 익산의 백제유적,

세심보에 사는 쉬리. 쉬리는 2급수이상 맑은 물에서 사는 물고기이다.

김제 지평선축제와 군산의 근대문화가 서로에게 긍정적으로 작용하고 시너지 효과를 낼 방법은 무엇인지 머리를 맞대고 고민해야 한다. 한두 시간 거리의 스쳐 지나가는 관광지가 아니라 머물러 즐기고 소비하는 관광지로 진화할 방법을 찾아야 한다.

만경강의 기적은 적극적이고 공격적인 홍보를 통해 이루어진다. 만경강의 자전거도로는 새만금과 금강으로 연결하여 국토종주시스템에 올려야 한다. 많은 이들이 만경강을 찾을 수 있는 동력을 제공해 주기 위해서이다. 만경강 힐링도보테라피 코스들은 문체부의 도보여행 앱 '두루누비'에 올려 다양한 정보를 제공해야 한다. 아무리 좋은 자원이 있어도 홍보가 되지 않는다면 무용지물이다. 적극적이고 공격적인 홍보로 만경강을 찾는 사람이 많아지고, 지역이 활성화되며, 지역소멸을 극복한 행복한 지역으로 거듭나길 희망한다. 자연 그대로 우리 곁에서 우리를 치유하고 회복시키는 만경강을 사랑한다.

한국의 나이아가라폭포

김 왕 중

　　고산 소재지 방향에서 대아수목원을 가는 길에 안남마을 앞을 지나게 된다. 마을 앞에는 다른 마을에서 보기 어려운 풍경이 있다. 아름드리 느티나무가 마치 가로수처럼 늘어선 풍경이다. 지금의 상황으로만 보면 분명 명품 가로수길이라고 해도 틀림이 없겠지만 다른 무슨 이유가 있지 않을까? 오랫동안 마을과 함께한 느티나무는 많은 마을 이야기 또한 기억하고 있을 것이다. 그 이야기를 듣기 위해 안남마을을 찾았다.

안남마을로 가기 전에 만나는 삼기정

　　고산면 소재지에서 도로를 따라 대아저수지 방향으로 가다 보면 삼거리가 나온다. 왼쪽으로 가면 화산, 경천으로 가는 길이고, 오른쪽이 안남마을을 거쳐 대아저수지로 가는 길이다. 안남마을로 가기 전에 삼거리 근처에 있는 삼기정(三奇亭)에 잠시 들렀다.

　　삼기정은 삼거리에서 왼쪽 화산, 경천 가는 길로 접어들면 1시 방향에 있다. 이곳은 특히 물, 돌, 소나무가 기묘하게 좋았다고 해서 삼기정이라

고산면 삼기리에 있는 삼기정

이름을 붙였는데《삼기정기(三奇亭記)》에 상세히 기록되어 있다. 삼기정은 1439년(세종 21) 고산 현감이었던 최득지(崔得之, 1379~1455)가 세웠다. 그 이후 노후되어 중수를 거듭했고, 현재의 건물은 1990년에 중건했다.

《삼기정기》는 1421년에 전라도 관찰사로 부임해온 하연(河演, 1376~1453)이 썼다. 《삼기정기》를 보면 옛 만경강 물길은 삼기정 아래를 돌아 흘렀던 것으로 보이고, 주변에는 늙은 소나무가 무성하게 우거져 아름다움을 자랑했던 곳임에 틀림이 없다. 지금은 물길이 바뀌면서 낮은 산자락에 서 있는 작은 정자에 불과하지만 정자에 올라 옛 풍경을 상상해보는 것도 좋겠다.

강줄기를 따라 줄지어 있는 안남마을 느티나무

삼기정을 나와 다시 삼거리에서 오른쪽 대아저수지 방향으로 가다 보면 느티나무가 가로수처럼 줄지어 있는 마을이 나온다. 안남마을이다. 만경강물이 마을 앞을 스치며 굽어 흐르는 구조로 되어 있고, 강줄기를 따라 나무들이 줄지어 서 있다. 느티나무 수령은 200년이 넘었고, 나무 둘레는 어른 두 사람이 마주 잡을 정도이다. 길가에 늘어선 느티나무에서 중후함이 느껴진다. 오랫동안 이곳을 지켜온 나무들이다.

보호수 안내판을 보니 "안남마을 느티나무 군락은 깊고 깊은 대아골 물들이 모였던 곳에 풍년을 기원하는 의미에서 나무를 심었다"라고 되어 있다. 나무들이 서 있는 위치를 볼 때 제방을 보호하는 호안목에 가까운데 풍년의 의미는 무엇일까? 지금같이 수리시설이 되어 있지 않은 시절에는 가뭄과 홍수가 농사에 절대적으로 영향을 미쳤다. 그런 관점에서 보

고산면 소향리 안남마을의 느티나무

면 느티나무는 홍수와 관련이 있었을 것으로 보인다. 강둑을 보호하는 호안림 성격이 강해 보였다.

느티나무 군락 중간쯤 안남마을로 들어가는 골목이 있다. 평평한 지형이라서 그런지 상당히 넓은 폭으로 마을이 형성되었다. 골목이 안내하는 대로 따라서 걸었다. 골목길은 옛 기억을 더듬어 구불구불 앞서가는데 분위기는 현대식으로 많이 바뀌어 있다. 주거 환경이 좋아 외지인들이 많이 들어오면서 달라진 풍경이다.

쓰러진 돌담이 일부 보이지만 옛 골목 풍경을 소환하기에는 역부족이다. 옛 느낌이 그대로 남아 있는 모정은 한가롭기만 하다. 요즘은 마을마다 마을회관이나 경로당이 있어 그곳을 이용하기 때문이다. 모정은 혼자 그렇게 늙어가고 있다. 새마을운동을 상징하는 슬레이트 지붕도 보인다. 당시는 석면가루 폐해를 생각할 겨를도 없이 너나없이 초가지붕을 슬레이트로 교체하기 바빴었다. 그 흔적이 반세기가 된 지금도 남아 있다.

마을 주변에는 평지가 꽤 넓게 형성되어 있어 풍요로워 보인다. 안남마을에서는 마늘과 양파를 주로 심는다. 밭에는 감나무도 많이 보인다. 완주는 곶감으로 유명한 지역이라 가는 곳마다 감나무를 쉽게 볼 수 있다. 안남마을 주변 역시 곳곳에 감나무 밭이다.

높은 곳에서 마을을 내려다보고 있는 물탱크는 마을 주민들이 식수로 지하수를 사용하던 시절의 유산이다. 지금은 마을에 상수도가 공급되면서 그 기능이 상실되었지만 아직도 일부 가정에서는 지하수를 사용하고 있다고 한다.

마을을 걷다 보면 마을 중간으로 수로가 지나는 것을 볼 수 있다. 안남마을 주민들은 만경강 물을 수로를 통해 받아 농사에 이용한다. 안남마을은 만경강을 경계하기 위해 느티나무를 심었지만 내심 만경강에 기대어 살아가고 있다. 느티나무가 운치 있는 안남마을로 기억해도 좋겠다.

1922년에 만든 대아저수지

안남마을 앞을 흐르는 만경강을 조금만 거슬러 올라가면 대아저수지 댐이 나온다. 현재의 댐은 1989년에 만들었다. 처음 만든 댐은 그보다 훨씬 안쪽에 있었다. 구 대아저수지 댐은 1920년 7월 착공해서 1922년 12월(준공식은 1923년 6월) 완성했다. 당시 대아저수지 축조를 주관한 곳은 익옥수리조합이었다. 저수지가 없어 홍수와 가뭄 대응이 원활하지 못해 농사에 어려움이 많았는데 이를 해결하기 위해 대아저수지 댐 건설을 하게 되었다.

구 대아저수지 댐의 경우 만수위가 되면 넘쳐흐르도록 설계한 월류식(越流式)이었다. 구 댐은 지금의 댐이 생기면서 물에 잠겨 있지만 저수율이 40% 정도로 낮아지면 그 모습을 드러낸다. 구 댐과 현재의 댐의 위치를 비교해 보기 위해서는 한국농어촌공사 대아호 관리소가 있는 곳으로 가보는 것이 좋겠다.

도로를 따라 대아저수지 방향으로 오르다 보면 중간에 오른쪽 저수지 댐 방향으로 들어가는 길이 나온다. 대아저수지 댐으로 들어가는 길이다. 댐 입구에 한국농어촌공사 대아호 관리소가 있다. 주차장에 주차하고 저수지 주변을 돌아볼 수 있다. 주차장 바로 옆에는 대아저수지 기념비가 서 있다. 기념비 글씨는 강암 송성용 선생이 썼다. 기념비 뒤쪽이 1922년에 완공된 대아저수지 구(舊) 댐이 있는 곳이다.

구 댐은 월류식이면서 곡선을 이루고 있어 물이 넘쳐흐르는 풍경은 장

구 대아저수지 댐

관이었다. 그래서 한국의 나이아가라폭포라고 불렸다. 여름에 댐 아래쪽은 훌륭한 피서지가 되었다. 댐 아래에는 상가들도 있었다. 현재 저수지아래쪽에 있는 운암식당도 이곳에서 13년 동안 영업을 하다가 신 댐 공사가 진행되면서 1983년 현재의 위치로 이사를 했다.

대아저수지 기념탑 옆에는 돌에 새겨진 글씨가 전시되어 있다. 구 댐에있던 글씨인데 수몰되기 전에 댐에서 제거해서 옮겨 놓았다. 댐에서 글씨를 떼어내는 일은 상당히 위험한 작업이었는데 작업 중에 글씨 하나를 아래로 떨어트려 깨진 흔적이 그대로 남아 있다. 자세히 보면 글씨 한 자가보수된 것을 알 수 있다. 글씨는 1922년 당시 조선총독이었던 사이또 히로시가 쓴 글씨로 만불일작불갈(滿不溢酌不竭)이다. '가득해도 넘치지 않고 퍼내어도 마르지 않는다'는 의미로 썼다. 댐 방향을 보면 댐 끝에 취수

탑과 방수구가 설치되어 있다.

취수탑에는 네 개의 수문이 있는데 수문을 이용해서 아래쪽으로 물을 내려보낸다. 관을 따라 내려간 물은 소수력 발전을 한 후 방류된다. 만경강 유지에 필요한 물이 이곳을 통해서 공급되고 있다. 방수구는 만수위가되었을 때 물을 배출하는 곳으로 안전을 위해 암반 위에 만들어져 있다.장마철에 비가 많이 내리면 방수구를 통해 물이 흐르는 것을 볼 수 있다.

대아저수지와 어우러져서 더 멋진 운암산

한국농어촌공사 대아호 관리소를 나와 위쪽으로 조금만 더 가면 전망대가 나온다. 전망대에서 보면 저수지 북동쪽을 감싸고 있는 바위산이 운암산(雲岩山, 597m)이다. 산 이름에서 알 수 있듯이 구름이 걸쳐 있는 바

운암산에서 바라본 대아호 풍경

위산이다. 운암산은 대아저수지와 어우러져 멋진 풍광을 자랑하는 곳이기도 하다.

운암산을 오르는 등산로는 대아저수지 전망대 주차장에서 시작한다. 주차장 건너편 등산로를 따라 들어가면 바로 숲길이 시작된다. 숲길 초입에는 운암산을 다녀간 많은 산악회의 리본이 달려 있는데 그 수를 헤아리기 어렵다. 숲길을 따라 걷다 보면 왼쪽으로 전망이 트인 구간을 지난다. 산 아래에 있는 안남마을은 물론 멀리 고산 소재지까지 한눈에 들어온다.

운암산 중간쯤 오르면 중간중간 대아저수지가 훤히 내려다보이는 쉼터가 있다. 쉼터에서는 멋진 소나무도 볼 수 있다. 소나무와 어우러진 대아저수지 풍경은 운암산이 자랑하는 풍경 중의 하나이다. 정상에는 봉수대 흔적이 잘 남아 있다. 가야시대 봉수대로 알려져 있다. 운암산을 내려와 전망대에 올랐다. 대아저수지 풍경이 눈앞에 펼쳐진다. 이곳에 저수지가 생기기 전에는 위에서 흘러온 물이 막힘없이 흘러내려 안남마을 느티나무 옆으로 흘렀겠다. 그 사실을 느티나무는 기억하고 있을 것이다.

• 명곡마을 버드나무가 들려주는 천호마을 이야기

천주교 박해 교우촌

명곡마을 버드나무가 들려주는 천호마을 이야기

천주교 박해 교우촌

김 왕 중

고산 어우리에서 비봉면 소재지 방향으로 가는 길을 양쪽에서 산이 호위하며 따라간다. 천호성지와 천호마을을 찾아가는 길이다. 천주교 박해를 피해 천호산 기슭으로 들어갔던 교우들의 이야기를 듣기 위해서다. 지금은 도로가 잘 포장되어 오지 같은 느낌이 들지 않지만 당시에는 산골짜기로 들어가는 분위기였을 것 같다. 그런 생각을 하면서 가다 보면 비봉면 소재지가 가까워진다.

소재지 직전에 길가에 보이는 말순농장 안내판이 눈길을 끈다. 언젠가 손주와 함께 가보았던 말 체험 농장이다. 타지에 나가 생활하던 청년이 고향에 돌아와 운영하고 있다. 바람직한 현상이다. 소재지를 지나 북쪽으로 더 나가면 기념비가 있는 삼거리가 나온다. 고흥류씨 문중에서 세운 1문9의사 사적비와 1419년 우군 원수로 대마도를 정벌한 류습 장군 사적비이다.

삼거리를 지나 조금 더 가면 명곡마을이 나온다. 마을 앞에는 석장승과 버드나무 노거수가 나란히 있고, 건너편에 비스듬히 수령이 200년 넘는 느티나무 보호수가 있다.

　석장승은 본래 나무로 만든 장승과 솟대가 있던 자리였다. 석장승 바로 옆에 있는 버드나무는 수령이 260년 정도로 오래 되었는데, 수형이 아름답다. 건너편 보호수로 지정된 느티나무 아래에는 사진작가들이 진을 쳤다. 나뭇가지 구멍에 집을 짓고 살고 있는 새 가족의 모습을 열심히 사진에 담고 있다. 작년 여름에 버드나무 아래에서 보았던 장면과 겹쳐 보였다. 마을과 오랫동안 함께한 큰 나무는 마을주민들에게는 물론 잠시 머물다 가는 새들에게도 훌륭한 보금자리가 되어준다.

명곡마을 버드나무

신앙공동체로 시작된 천호마을

　명곡마을을 지나면 나오는 마을이 천호마을이다. 마을 입구에서 천호 성지로 들어가는 길과 갈라진다. 천호마을은 1839년 기해박해 때 주로 충청도 지역의 천주교 신자들이 박해를 피해 천호산 골짜기로 숨어들어 와 신앙공동체를 만든 것이 마을의 시작이었다. 처음 교우촌을 형성할 때 는 위쪽 순교자 묘역 맞은편에 있는 무능골 골짜기와 인근에 있는 시목동 이었다. 그러다 1886년 조불수호통상조약이 체결되면서 천주교 포교가 인정되었고, 신앙의 자유가 주어지면서 골짜기 밑으로 내려와 점차 아래 쪽으로 마을을 이루어 현재에 이르고 있다.

　마을 골목을 따라 걷다가 골목 끝에 있는 느티나무를 보았다. 가까이 다가가 느티나무를 바라본 순간 미소가 지어졌다. 나무 아래에 피에타 동 상이 있었기 때문이다. 마을을 다니면서 처음 본 장면이다. 오래된 마을 에는 당산나무든지 아니면 정자나무 등과 같은 고목 한 그루 정도 있는데 보통은 나무 자체가 신앙의 대상이었다. 그런데 천호마을 느티나무 아래 에 피에타 동상이 있다는 것은 대단히 특별한 일이었다. 천주교 신자들로 이루어진 교우촌이어서 가능한 일이겠다.

　느티나무에서 동쪽 방향 골목으로 들어섰다. 돌담길이다. 옛 돌담길은 아니지만 전통문화를 지키려는 마음을 읽을 수 있었다. 시골 마을답지 않 게 전체적인 골목 분위기가 정갈하다. 돌담에 기대어 있는 잘 다듬어진 탱자나무도 예쁘다. 갈림길에서 왼쪽 오르막길을 선택했다. 천호성당으 로 가는 길이다. 계속해서 돌담길이 이어진다. 집 대문 앞에 세워놓은 돌 로 만든 문패에는 가족들의 세례명이 기록되어 있다. 천호마을에서만 볼 수 있는 독특한 풍경이었다.

골목을 따라 오르면 맨 위쪽에 천호성당이 있다. 한옥 건물로 되어 있다는 것이 새롭다. 현재의 성당은 노후된 건물을 철거하고 2008년에 신축 완공했다. 천호성당에 들어서면 마당에는 2개의 종이 있다. 하나는 일반적인 종이고, 또 하나는 조금 특별한 종이다. 특별하게 보이는 이 종은 한국전쟁 직후에 불발된 포탄피로 만들었다. 포탄피로 만든 종을 갖게 된 사연이 있다.

일제강점기 말에 태평양전쟁이 한창일 때 일본은 무기를 만들기 위해 집에서 사용하는 놋그릇은 물론 수저, 젓가락까지 공출해 갔다. 그뿐만이

천호마을 느티나무

천호마을에 있는 천호성당

아니었다. 성당이나 교회 종들도 공출 대상이었다. 해방이 되고, 그 이후에 있었던 한국전쟁 과정에서 나온 불발탄을 종으로 대신 사용하게 되었다. 전쟁에서 사람의 생명을 앗아가는 무기로 사용했던 것을 지금은 평화의 도구로 사용하고 있다.

오래 머무르고 싶은 천호성지

천호성당 동쪽으로 나가면 천호성지로 가는 길이 나온다. 그 길을 따라 조금만 오르면 천호성지이다. 천호마을과 천호성지는 하나로 묶여 있는 셈이다. 천호성지 안에는 넓은 정원과 숲길이 조성되어 있다. 조용히 명상하면서 산책하기에 좋겠다. 넓은 정원에는 마침 꽃들이 예쁘게 피어 있어 꽃동산이 되었다. 꽃을 감상하면서 천천히 꽃길을 걷다 보면 금방 기

천호성지에 있는 부활성당

분이 좋아진다. 계속 머물러 있고 싶은 곳이다.

꽃길을 지나면 대나무 숲길이다. 대나무가 우거진 숲길로 들어서면 시원함이 온몸에 전해진다. 대나무 숲길은 작은 저수지로 통한다. 저수지 주변으로도 산책로가 만들어져 있다. 물을 보고 있노라면 마음이 편안해짐을 느낄 수 있다. 저수지 산책로를 따라 걸었다. 저수지는 대나무 물이 들어 파랗다. 물고기들이 노는 모습도 보인다.

저수지에서 천호성지 안쪽으로 올라가 주변을 돌아보았다. 순교자 묘지를 지나면 아래쪽에 성당이 보인다. 천호성지를 찾은 순례자들이 미사를 드리는 성당이다. 부활성당이라고 이름 붙여져 있는데 예쁜 성당이다. 성당을 보고 천호 가톨릭 성물박물관도 돌아보았다. 박물관은 성물 1,000여 점을 기증받아 2013년 개관했다. 세계 각국에서 수집한 진귀한 성물을 볼 수 있었다. 박물관 관람을 마치고 천호마을 쪽으로 내려왔다. 조용히 자신을 돌아보고 싶을 때가 있다면 천호마을과 함께 천호성지를 한 바퀴 돌아보면 좋겠다는 생각이 들었다.

두방마을 느티나무가 들려주는 마을 숲 이야기

사람과 자연의 공존

박 동 금

우리 인류는 최초로 이용한 식물인 나무 덕분에 생존하고 발전해 올 수 있었다고 해도 과언은 아니다. 지금보다 훨씬 자연과 가까이 지냈던 우리 조상들은 나무에서 생존을 위한 먹거리와 질병을 치료할 약재를 채취하고, 집을 짓고 생활에 필요한 재료를 수많은 종류의 나무에서 얻었고 지속가능하게 보호하는 노력도 하였다.

마을을 정할 때, 후손들이 대를 이어 살아갈 마을을 조화롭고 안정된 공간으로 만들기 위해 마을입구나 빈틈이 있는 곳에는 나무를 심어 숲을 조성하고, 특별한 나무는 마을을 지켜주는 수호신으로 숭배하기도 했다.

마을은 사람들이 살아가는 곳이고, 숲은 자연이 살아가는 공간으로 이질적일 수 있는 두 요소가 결합된'마을 숲'이란 말이 전혀 어색하지 않고 친근하게 느껴지는 것은 아마도 오랜 전통을 지닌 마을의 구성요소로 토착신앙과 풍수, 유교 등 우리의 전통문화가 녹아 있는 어린 시절 고향의 경관이기 때문일 것이다.

마을 숲은 사람과 자연이 함께 만든 가장 생태적이고 자연 친화적인 위대한 유산으로 산림이나 목재를 이용할 목적으로 조성한 일반적인 숲과는 구별된다. 마을의 문화적 상징으로 신앙의 대상이 되고 홍수, 태풍, 파도와 같은 자연재해로부터 마을을 지켜주는 보호막과 휴식, 모임, 놀이 등과 같은 여러 가지 일상적 활동을 수용하는 공간이기도 하였다(2015. 농촌진흥청국립농업과학원).

오늘날에는 전통적 기능인 신앙적 기능이나 풍수적 기능이 요구되지 않을 뿐만 아니라 자연재해 방지의 기능도 많은 부분에서 효용성이 떨어지기 때문에 마을 숲의 전통적 가치에 대한 의미를 많이 상실하였다. 그래서 방치하거나 훼손되어 마을 경관에서 하나둘씩 사라져 가고 있고, 사람들의 기억 속에서도 사라져 가고 있다.

식량 증산이 최우선이던 1960~1970년대 시절에는 논두렁을 반듯하게 다듬고 경작지를 한 뼘이라도 더 넓히기 위해 경작지 주변의 나무를 베었고, 공업화와 도시화가 되어 가면서는 공장을 짓고 택지 개발과 도로 개설을 위해 마을 숲을 송두리째 밀어버리는 우(愚)를 범하기도 했다.

그렇다고 해서 현대사회에서 마을 숲의 가치가 사라진 것은 결코 아니다. 오히려 현대를 살아가는 우리에게 마을 숲은 인간의 생존을 위협하는 지구온난화, 대기오염, 소음공해 등에 대한 방비책을 마련해 주니 소중하게 가꾸어야 한다. 전통적 마을 숲은 자라나는 아이들에겐 역사와 문화의 교육공간으로 활용할 가능성이 열려 있고, 생태적인 공간을 조성하는 데도 마을 숲이 가진 전통적 기능의 지혜를 활용할 수 있다.

두방마을의 아름다운 숲과 보호수

마을 숲에 숨어 있는 소중한 가치들과 우리가 오래 전에 잃어버린 의미

노거수   마을 숲길

들을 찾기 위해 제1회 아름다운 숲 전국대회에서 아름다운 마을 숲 부분
에서 우수상을 차지한 모악산 아래 두방마을을 수차례 찾았다. 우리나라
사람들은 산이 마을을 둘러싸는 것을 좋아하는데, 두방마을은 풍수적으
로 모악산 줄기를 타고 내려와 형성된 마을이다. 사방팔방으로 뻗어 내린
산줄기가 마치 어머니의 포근한 품속 같은 한줄기에 마을이 있다.

　흔히 풍수지리에서 말하는 좋은 마을의 조건인 뒤에 산이 있고, 앞으로
물이 흘러야 하는 조건을 갖추었다. 그러나 산에서 흘러내려오는 태실천
물이 앞으로 빠져나가고, 지형적으로 트여 있는 마을 앞을 가리기 위한
비보 풍수에 의해 마을의 부족한 기운을 보충해 주고자 마을 숲을 조성하

였으며, 500년생 느티나무와 각종 활엽수 등 170본이 군락을 이루고 있다(2015. 산림청).

비보(裨補)란 '어떤 지형이나 산세가 부족하면 이를 보완하는 방법'을 뜻하는 의미로 산줄기, 바람길, 물길, 형세 등 어느 한 부분이 부족할 경우 산을 만들거나 돌담, 석탑, 연못, 언덕, 숲의 조성 등으로 이를 충족시켜 주는 것을 말한다.

우리나라에는 비보풍수의 하나인 수구막이 숲이 많은데 뒷산에서 흘러온 물이 마을을 거쳐 빠져나가는 곳이나 지형적으로 트여 있는 마을 앞을 가리기 위한 숲이 수구막이다. 여기에서 수구란 물뿐만이 아니라 평안, 번영, 다산, 풍요 등 마을의 좋은 기운이 함께 흘러 나간다고 믿어 트여 있는 수구는 반드시 닫아주어야 한다고 믿었다.

두방마을 숲은 전형적인 수구막이 숲으로 약 6,612㎡ 정도 되는데, 대

마을 숲

부분이 느티나무, 갈참나무, 팽나무, 상수리나무 등의 활엽수이다. 마을 회관에서 나와 오른쪽으로 보면 아름드리 소나무가 띠 숲을 이루고 있으며 이곳에 지나 좀 더 걸어가면 마을 모정과 마을 역사를 짐작해 주는 450여 년이란 오랜 세월 동안 모진 비바람 속에 때론 상처를 받아 사람들의 보살핌을 받기도 하고, 또 스스로 치유하면서 잘 성장하여 오늘날 마을사람들에게 휴식과 위안을 주고 있는 아름드리 느티나무가 있다.

보호수로 지정된 1982년 기준으로 수령 400년, 수고 25m, 나무둘레 6.85m 되는 거목으로 혹이 많이 나 있고, 마을 주민들의 휴식처로 정월이면 마을의 부녀자들이 공을 들이며 행운과 무병장수를 기원하는 당산목이다. 두방마을 마을 숲 당산제는 새마을운동 때 중단되었고, 당산제는 앞 당산과 뒷 당산에서 지냈다고 한다. 제일은 음력 정월 초사흗날 아침이며, 제주는 생기 복덕에 맞춰 연장자가 맡았다. 당산나무에 새끼줄을 두르고 백설기와 제사음식을 준비해 지냈으며 제가 끝나면 마을 사람들이 음복하고 놀았다고 한다(디지털완주문화대전).

여름철 느티나무 당산 거목 아래 앉아 술잔을 마주하니 마치 신선이 된 듯했다. 잠시 쉬었다가 다시 소나무 길을 따라 뒤돌아 마을 회관을 지나서 작은 다리를 건너면 왼쪽으로 마을 숲이 자리한다. 제1회 아름다운 숲 선정 표지목에 '사람의 마을 또한 생태계의 한 단위로서 숲에 깃들어, 숲과 함께 살아간다는 생태적 진실을 알려주는 이 마을이 제1회 아름다운 마을 숲으로 선정되었습니다'라고 씌어 있다.

이 마을은 2004년에는 전통 마을 숲 복원사업이 실시되어 노령화와 인위적 간섭에 따른 숲의 쇠퇴와 자연 고사에 대비하기 위해 수목 및 토양 보호 시술 후 후계목[어린나무]을 심게 되었다(산림청, 2015). 현재는 여름이면 뜨거운 햇빛을 피해, 가을이면 단풍과 낙엽을 밟으러 가는 사람들의 휴식공간으로 정서 함양의 장소로 사용하고 있다.

그러나 언제 부터인가 이 숲도 잘 관리 되지 않는 것 같아 마음이 무겁다. 마을 숲이 보호받지 못하는 것을 보며 짐짓 쓸쓸해지고 서글퍼지는 건 나이 들어가는 탓일 까?. 사람들에게 제 몸을 내어주는 노거수는 어떤 응석도 다 받아주는 어릴 적 우리 할아버지와 같다는 생각이 든다. 다정 다감한 모악산 품에 싸여 태실천이 흐르는 두방마을 숲이 잘 보존되어 사람과 자연이 공존하는 장소로 지속되길 소망한다.

마을 숲 옆 과거에 초등학교였던 자리에 드넓은 잔디밭과 정원을 잘 꾸며 놓아 아이들은 뛰어놀기 좋은 장소이면서 빵과 커피를 마실 수 있는 '오늘제빵소'라는 카페가 있어 여행에 재미를 더할 수 있다.

마을 숲에 대한 가치 재인식

마을 숲은 마을 공동체의 보호를 받으면서 수백 년 동안 지나오면서 마을의 희로애락과 흥망성쇠를 지켜보고 마을의 평안과 행복을 지켜준 터줏대감으로 마을의 역사와 문화를 간직한 비보(裨補)의 공간이면서 교육과 체험, 휴양의 공간이라 할 수 있다.

아이들에게는 놀이터가 되어주었고, 농부들에게는 바쁜 일손을 잠시 내려놓고 막걸리를 마시거나 새참을 먹는 장소로, 여름철에는 더위를 피하는 곳이기도 했다.

현대를 살아가는 우리는 나무에서 매일 먹고 마시는 과일과 차, 가구와 의약품의 재료, 그리고 맑은 공기와 쉼터를 제공 받으면서 그 고마움에 대해 잊고 지냈다. 세계기록유산으로 지정된 우리조상들의 위대한 유산

보호수 아래에서의 쉼

국보 32호 "팔만대장경판"의 제작이나 보관도 나무 덕분에 가능하였다.

오늘날 겪고 있는 환경적 재앙은 우리 인간이 오래전에 자연에 대한 경외심을 상실해버리고 자연을 파괴해 자초한 것일 수 있다. 우리가 후손들을 위해 물려줄 환경을 지키려면 자연에 대한 경외심을 찾고 자연 안에 내포된 것을 알려고 하는 노력이 필요하다.

우리의 전통 마을 숲과 같은 비보숲과 노거수는 농촌 마을의 귀중한 자산이기도 하지만 국가적 자산이다

모두가 지키고 가꾸어가야 할 소중한 자산인 마을을 지켜온 오래된 나무를 기록으로 남기고자 멀리서, 또 가까이서 그리고 자세를 낮추어 보니

또 다른 모습이 보였다. 그저 멋있는 나무라고 생각했는데 가까이서 본 상처 입고 버틴 세월의 흔적이 가슴을 메이게 했고, 보호수라 이름하에 보호받지 못하는 나무에게 많이 미안했다.

김응혁 시인은 '비상'이라는 시선집에서 오래된 느티나무를 마을의 수문장, 마을의 큰 어른, 학식과 덕망을 갖춘 선비에 비유하며 노거수에 대한 무관심에 안타까움을 표시하기도 했다. 이제 우리 인류의 지속적 번영을 위해서, 자연과 공존하려는 마음으로 주변의 자연과 문화자원을 잘 보존하고 가꾸는 일에 함께 노력했으면 한다.

구이면 두방마을 일대 여행

- **모악산 마실길 완주지역 1코스** : 출발지로 전주와 완주의 경계인 두방마을 입구(구이면 두현리 186-1)에서 두방마을(두현리 240-5)과 상학마을(원기리915-3)을 거쳐 도립미술관(원기리 1068-7)에 이르는 약 4㎞ 구간
- **두방마을 한바퀴 둘레길** : 두방마을 보호수→ 아름다운 숲→ 오늘제 빵소

참고 인용문헌
디지털완주문화대전
한국의 마을 숲. 2015. 농촌진흥청 국립농업과학원
전통마을 숲 복원 사례집. 2015. 산림청

원두현마을 느티나무가 들려주는 남계 이야기

후학양성의 산실, 남계정

박 동 금

　지금보다 훨씬 자연과 가까이 지냈던 우리 조상들은 한곳에 정착하면서 마을을 형성할 때 필수적으로 나무를 심고 마을 숲을 가꾸려고 노력했다. 그 결과 마을 숲은 홍수, 태풍, 파도와 같은 자연재해로부터 마을을 지켜주는 보호막이 되기도 하고. 휴식과 모임, 놀이와 같은 여러 가지 일상적 활동을 수용하는 공간이며 신앙의 대상이기도 하였기에 그 마을의 역사와 문화를 담고 있다.

　오늘날 이러한 전통적인 가치관이 퇴색해지면서 나무와 마을 숲의 정신 문화적 의미를 외면하고 마을의 가장 큰 행사인 동제도 점차 전승이 끊기어 점점 잊혀져 가고 있으나 노거수는 정자와 함께 여전히 마을의 중심이자 상징으로 남아 있다.

　전주에서 구이면 소재지로 가는 길목 왼편에 위치한 경각산 자락 원두현마을에서 오랜 세월 동안 모진 비바람에 휘어지고 상처받고 치유하면서 마을 사람들에게 휴식과 위안을 주고 마을을 지켜온 느티나무와 고고한 작은 정자에서 이 마을의 역사와 품격을 느낀다.

연륜의 무게

통천김씨 입향과 원두현마을

원두현마을은 600년 전쯤 통천 김씨들이 처음으로 들어와 살기 시작한 전통과 유구한 역사가 있는 마을로 남계정을 세운 남계 김진 선생이 살았던 마을이다. 강원도 통천에서 살았던 이들이 어찌 이 먼 전라도까지 왔을까 몹시 궁금했다. 그래서 몇 차례 마을을 방문하여 수소문 끝에 통천김씨 대종회 회장이신 김응혁 선생을 알게 되었다. 이분의 도움으로 마의태자로 불렸던 시조로부터 전주에 정착하기까지 개략적으로나마 이해하게 되었다.

통천김씨 중시조인 문헌학사 판도판서 원등(1세)을 시작으로, 중랑장 호(2세)의 세 아들로부터 각각 진산교도공파(여산), 군수공파(중령), 전직공파(중복)로 분파되었으며, 이곳으로 오게 된 배경은 3세손 첫째 여산(如山)이 15세기 초엽에 진산교도(珍山敎導)로 재직 당시 전주최씨 최계로의 딸과 혼인하고, 둘째인 중령은 전주군수를 역임하며 전주로 입향하게 되었다고 한다(2010. 통천김씨대종회). 즉 혼인과 관직으로 전라도로 왔다가 여러 장점이 보여 터를 잡았을 것으로 추정한다. 그러나 임진왜란이 일어나기 전 전직공파 9세손 김빙(憑) 선생이 기축옥사(己丑獄事)에 무고로 연루된 뒤 후손들이 흩어지고, 정유재란(丁酉再亂) 때에는 군수공파의 많은 젊은이들이 의병으로 출정하여 전몰하였고, 근현대에 들어와 일자리를 찾아 외지로 나가는 등 여러 이유로 지금은 이 마을에 통천김씨는 세 가구 정도 살고 있다고 한다.

마을회관 앞 광장에 옛날 방앗간 집이 있고 그 앞에 보호수로 지정된 300년이 넘는 노거수 느티나무가 오랜 세월 동안 휘어지고 상처받아 사람들의 도움 속에, 또 스스로 치유하면서 마을을 지키고 있다. 구이저수지에서 내려오는 물길이 관개수로를 따라 마을로 흐르고 있으며, 그 주변 냇가를 따라 심고 가꾼 나무 덕분에 여름철에는 무더위를 피해 쉬는 쉼터로 활용되고 있다.

느티나무 쉼터를 지나 물길을 따라 내려가다 보면 화목한 부부애와 효성이 지극한 부모와 자식을 비유하기도 하는 연리지 같은 나무를 볼 수 있다. 그런데 자세히 보니 연리지는 아닌 것 같고, 좀 더 젊은 나무가 쓰러져가는 다른 나무를 버텨주는 형상이다. 혼자 살기도 어려운 세상에 다른 나무를 부축하며 살아가는 나무에 고개가 숙여진다.

그 고마운 나무를 지나 건너로 관개수로를 따라 다시 거슬러 올라가다 보면 마을회관 앞에 빨래터가 있다. 지금도 논일, 밭일 후 손과 발도 씻고

마을 숲

느티나무 아래 쉼터

농기구들도 씻고 있는 곳이기도 하다.

　마을회관을 지나 수로를 따라 올라가다보면 조그마한 연못이 보이고, 건너편 산자락 밑에는 마을 앞의 노거수와 비슷한 크기이고 거의 비슷한 시기에 심었을 것이라고 추정되는 오래된 느티나무에서 고상한 선비의 품격을 보는 듯하다. 위쪽으로 돌계단 산 끝자락의 언덕에 있는 남계정이 보인다.

후학양성소 남계정과 김진 선생

　남계정은 창설자 김진의 호를 따서 지은 이름으로 전라북도 완주군 구이면 두현리 원두현길 12-12에 있는 조선시대의 정자이다. 조선 중기의 학자 남계(南溪) 김진(金璡, 1527~?)이 1580년(선조 13)에 후진양성을 위해 강학처로 건립하였다. 그 뒤 후손들이 1673년(현종 14)에 중수하였

남계수(남계정 아래의 느티나무)

으며, 1856년(철종 7)경 다시 중건하여 오늘에 이르고 있다. 현재는 전라북도유형문화재 제134호로 지정되어 있다.(디지털완주문화대전)

이 정자를 지은 김진 선생은 조선 중엽의 유학자로 조선조 중종 22년인 1527년에 태어나, 25세에 초급 과거시험에 급제하여 생원이 되었다. 선조 7년인 1574년에는 합천에서 훈도로 후학들을 지도하였다. 그러나 남계 김진은 곧 고향으로 낙향하여 오직 학문과 후학들의 양성에만 정성을 쏟아 많은 사람이 그를 우러렀다고 한다.

남계정은 산 끝의 절벽 위에 세워져 있어, 이 누각에 오르면 전면과 측면에는 가깝게 들판이 펼쳐져 있고 전주천으로 향하는 남천이 흐르고 있

남계정 오르는 길

으며, 들판과 멀리 모악산을 한눈에 바라볼 수 있어 수려한 경관을 자랑하고 있다. 남계정은 전형적인 누정건축으로 일곽의 한식 토석 담장으로 이루어진 공간 안에 정자 1동이 배치되어 있다. 건물은 정면 2칸, 측면 2칸으로 좌측에 2칸의 방이 있고 우측에 2칸의 대청으로 공간이 구성되어 있다.

　방은 좌측의 문을 통해 출입할 수 있도록 되어 있고 방의 전면에 마루가 설치되어 있으며 그 마루에는 2짝의 여닫이 판문 창을 머름(미닫이 문 지방 아래나 벽 아래 중방에 대는 널조각) 위에 설치해 전면의 경관을 조망할 수 있도록 되어 있다. 방의 좌측에는 1짝의 창을 옆으로 설치해 주

후학양성의 산실, 남계정

변을 조망할 수 있도록 되어 있다.

　대청은 우측 전면에 머름이 없는 두 짝의 여닫이문을 설치해 출입할 수 있도록 했고 우측면에는 벽에 2짝의 여닫이 판문 창 4짝을 설치했으며 후면에는 1짝의 여닫이 판문을 설치해 주변 경관을 조망할 수 있도록 했다. 구조는 1단이 외벌대 기단 위에 자연석 화강암 덤벙주초(자연석을 가공하지 않고 주춧돌로 사용한 돌)를 놓고 전면에는 두리기둥을, 후면에는 방형기둥을 세웠다. 기둥은 상부에서 창방, 평방과 도리와 결구하고 홑처마 위에 팔작지붕을 얹었다.(디지털완주문화대전)

남계정 안에는 의병장 고경명, 조헌, 전라도 관철사 신응시 등 당시의 유림들이 남계의 학문과 덕망을 찬양한 현판이 그대로 보존되어 있으며, 남계정 밑에 있는 절벽 바위에는 한문으로 남계정이란 암각서가 새겨져 있다.

일반적으로 누정은 자연을 배경으로 아름다운 경관을 조망할 수 있도록 높은 곳에 건립하여 유람이나 휴식공간으로 활용한 경우가 많지만 남계정은 마을이 내려다보이는 언덕 위에 지어 주변 경관을 조망할 수 있는 작지만 품격 있는 휴양공간의 기능뿐만 아니라 아이들의 교육을 위해 교육 환경을 잘 갖춘 강학처의 기능이 더 컸다.

이는 전라도관찰사 신응시(辛應時, 재직 1574~1575)가 쓴 남계정 서문에 잘 나타나 있다. "공(남계)은 문장뿐 아니라 성리학에도 일세의 으뜸이 되는 선비요, 시서와 예의를 실천하여 그 기상이 강상풍월과 같으니 어찌 훌륭한 스승이 아니랴. 남계정의 경치와 두현의 풍향을 떨치고, 호남 일대에 알려지게 된 것은 매우 당연한 일이다. 남계가 이 정자를 세우게 된 것은 인지(仁智)의 즐거움을 누리려는 것이 아니라 오직 제자들을 가르치기 위함이다."라고 시판을 남겼다.(2021. 한국문화원연합회)

본받아야 할 고귀한 선비정신

느티나무 숲에서 짧은 S자코스 급경사 돌계단을 올라야 하는 소박하지만 품격 있는 이 정자는 벼슬을 그만두고 낙향하여 후학을 가르치는데 전념했던 남계 선생과 그 후손들의 따스함이 배어 있는 듯하다. 남들은 벼슬을 하기 위해 온갖 권모술수를 벌이는데, 남계정의 주인은 그 벼슬을 버리고 고향으로 돌아와 미래를 위한 후학양성에 힘썼다. 그러한 노력들이 임진왜란과 정유재란 같은 국난에 목숨을 바치게 하지 않았을까 생각하니, 남계 선생과 뜻을 계승해 온 후손들의 노력에 고개 숙여진다.

요즈음은 이런 남계 선생이 바보스럽다고 하실 분도 있겠지만, 충효를 실천하고 훌륭한 인재를 키우려는 고귀한 선비의 그 깊은 뜻을 어찌 다 알 수 있을까?

문득 2000년 1월 1일, 당시에 배를 타고 들어가 가덕도 새천년 해돋이 행사장에서 뵈었던 고 노무현 대통령이 생각난다. 노무현 전대통령도 대통령직을 끝내고 고향 봉하마을에서 생태농업을 실천하며 농촌 활력을 위해 힘쓰려 했으나 그 뜻을 다하지 못하고 가셨다. 남계정에서 그분이 생각나는 것은 뜻이 같은 분이 빨리 가신 아쉬움이 아닐까?. 가치 있는 삶을 위해 노력이 더 필요하다고 자책해 본다.

구이면 두현리 일대 여행

- **모악산 마실길 완주지역 1코스** : 출발지로 전주와 완주의 경계인 두방마을 입구(구이면 두현리 186-1)에서 두방마을(두현리 240-5)과 상학마을(원기리 915-3)을 거쳐 도립미술관(원기리 1068-7)에 이르는 약 4㎞ 구간
- **구이 저수지 둘레길** : 1구간은 3.3㎞로 1시간 남짓 소요되며, 2구간은 2.4㎞로 1시간 조금 더 걸리고, 3구간은 3.2㎞로 1시간 정도 소요되어 총 8.9㎞로 3시간이면 충분히 걸을 수 있다.
- **구이 저수지 둑 아래 벚꽃길** : 봄철 벚꽃 필 무렵이 장관이다.
- **생태 역사 문화 여행 추천지** : 남계정과 원두현마을 보호수 → 벚꽃

길(봄철)→ 두방마을 보호수와 아름다운 숲, 오늘제빵소→ 대한민국술
테마박물관을 돌아보면 하루 코스이다.

• **주변 경관지 : 모악산과 경각산**

참고 인용문헌

통천김씨천년사. 2010. 통천김씨대종회
전북 누정 33선의 편액과 주련. 2021. 한국문화원연합회

밤티마을 밤나무가 들려주는 밤샘 이야기

생명이 깃든 만경강 발원지

박 영 환

전주에서 만경강 발원샘을 가기 위해서는 소양 화심마을에서 대승한 지마을 방향으로 좌회전해서 밤티재를 넘게 된다. 구불구불 밤티재를 넘다 보면 단풍나무와 밤나무를 많이 볼 수 있다.

신록의 계절 5~6월이면 암꽃과 수꽃이 절정을 이루어 밤꽃 향기가 밤티재와 마을 주변을 감싸고 지나는 이들의 코끝을 자극한다. 7월에 수꽃은 지고 암꽃에 밤송이가 자라 9월에 열매가 익기 시작한다. 10월이면 밤티재에도 밤나무 밑에 떨어진 알밤을 주울 수 있다. 밤은 다산과 부귀를 상징하여 생명이 깃든 만경강 발원지 밤샘과 아주 오랜 옛날부터 인연이 있지 않을까 생각해 본다.

밤나무가 많은 밤티마을

밤티마을은 동상면의 가장 남쪽에 있으며 만경강 발원지인 밤샘을 품은 마을이다. 뜻 그대로 밤나무가 많아 붙여진 이름이다. 마을에는 윗밤티(상율)와 아랫밤티(하율) 합쳐 40여 세대가 살고 있다. 마을 평균 나이

밤티마을 전경

는 60대 후반으로 고령화되는 전형적인 산촌마을이다. 동상면 하면 곶감
으로도 유명한 지역답게 마을 곳곳에 감나무가 많이 보인다. 마을회관 앞
에는 큰 느티나무가 있었다. 마을회관이 없었던 시절 느티나무는 마을 사
랑방 역할을 했다.

 그 시절 아이들은 그네를 타며 놀았고, 기우제를 지낼 때는 이곳에서

풍물을 치기도 했다. 그러다 어느 날 땅 주인이 나무를 베는 바람에 마을을 지켜주던 느티나무를 지금은 볼 수 없게 되었다. 마을의 역사는 기록이 명확하지 않아 정확히 알 수 없지만, 보성 오씨 집안의 경우 8대째 260년 동안 이 마을에서 살고 있으니 마을 역사도 그 정도 된 것으로 추정하고 있다. 그렇다면 없어진 느티나무의 수령도 2~300년은 되었을 것으로 보인다. 느티나무를 자르지 않고 남아 있었다면 보호수로 지정될 만큼 가치가 있었을 텐데 아쉬움이 남는다.

무지동 거북바위, 금광굴

마을 안쪽 계곡(말골) 위로 올라가면 예전에 기우제를 지낸 무지동 거북바위가 나온다. 당시 마을주민들은 계곡물에 의존하며 살았기 때문에 가뭄이 들면 농사를 지을 수 없었다. 그래서 마을주민들이 모여 제를 올리고, 풍물을 치기도 했다. 비가 내릴 때까지 무지동 바위 안 토굴에서 먹고 자면서 기우제를 지냈고 보통은 장기간에 걸쳐 진행되었다. 지금도 그곳에는 기우제를 지냈던 제단이 보존되어 있다.

밤티마을에는 또 하나의 숨은 자원인 금광굴이 있다. 1935년 일제 강점기 수탈목적으로 밤티마을 주변에 소규모 채굴이 진행되었으며 사무실, 숙소, 식당 등이 생겨났다. 이러한 영향으로 한동안 밤티마을이 들썩였으나 깊은 채굴에도 금광석이 나오지 않아 현재는 폐광의 흔적만 남아 있다. 숨겨진 폐광을 마을주민들이 직접 찾아 나섰다.

무지동 거북바위처럼 길을 정비하고 50여 년 사람의 손길이 닿지 않은 수직갱과 수평갱을 여러 곳에서 발견했다. 만경강 밤샘의 능선에서 가는 길과 마을 밤샘 탐방로로 가는 길을 이어 다양한 경로를 개척했다.

최근 마을주민들은 금광굴과 더불어 거북바위 가는 길을 정비하고 다양한 소재의 밤티마을 이야기를 기록하여 보존하기 위해 노력하고 있다. 밤티마을 촌장은 완주 문화도시 지원을 받아 밤티마을 옛날이야기 선생님을 양성하였고 마을 어르신들로 이루어진 선생님들은 아이들에게 1950~1960년대 마을 이야기를 전해주는 인문학 프로그램을 운영하고 있다. 밤티마을의 숨은 자원과 이야기를 고령화된 마을주민들이 해설해주는 인문학 강의를 한 번쯤 들어보길 소망한다.

만경강의 발원지, 밤샘

밤티마을의 또 하나 자랑거리는 만경강 발원지인 밤샘이다. 강의 근원은 산이다. 산이 물을 나누어 주지 않았다면 애초에 강은 존재하지 않는

만경강 발원지 밤샘

다. 그런 의미에서 보면 산은 강의 어머니라고 해도 틀림이 없다.

전라북도에는 네 개의 강 발원지가 있다. 금강의 발원지인 장수 뜬봉샘, 섬진강의 발원지 진안 데미샘, 동진강 발원지인 정읍 여우치마을, 그리고 만경강의 발원지 완주군 동상면 밤샘이 바로 그것이다. 마을에서 밤샘까지 약 1.5㎞이다. 숲길을 따라 걸어서 밤샘 답사를 하는 것은 멋진 체험이다. 이 길은 만경강 사랑 지킴이 단체에서 만경강 힐링 도보 테라피 1코스라고 명명하였다.

밤샘 가는 길은 산림을 관리하기 위해 만든 임도(林道)로 되어 있다. 차 한 대가 다닐 수 있는 넓은 길이기 때문에 가족들이 함께 손잡고 걷기 좋은 길이다. 길을 걷다 보면 봄부터 가을까지 예쁜 꽃들과 야생화 관찰이 가능하다. 싸리나무꽃, 개망초, 풀꽃, 족도리풀, 뻐국나리, 구릿대, 큰엉겅퀴, 주름조

뻐꾹나리

개풀, 주홍서나물, 이질풀, 탑꽃, 고추나물 등이 대표적이다. 멸종위기의 한국 특산 식물인 뻐꾹나리는 단연 인기가 많다. 밤샘 탐방로에 뻐꾹나리 자생 군락지가 있다는 것은 탐방객들에게 마음을 설레게 한다. 또한 멸종 위기종인 애호랑나비의 먹이식물인 족도리풀도 있어 다양한 나비들도 볼 수 있다.

밤샘이 흐르는 계곡물에서는 수서곤충과 양서류도 쉽게 발견된다. 돌을 들어보면 어리장수잠자리 애벌레 수채, 강도래, 날도래, 각다귀 애벌레, 하루살이 애벌레 등 수서곤충 관찰이 가능하다. 벚꽃이 필 무렵이면

꼬리치레도롱뇽의 알을 볼 수 있다. 밤샘 입구에는 만경강 발원지임을 알리는 표지판이 세워져 있다. 표지판이 알리는 방향으로 들어가면 화백나무 숲이 나온다. 화백나무 숲 좌우 측에 멧돼지가 목욕하는 진흙 늪이 펼쳐져 있어 작은 웅덩이들과 멧돼지 발자국을 볼 수 있다. 멧돼지가 목욕하고 생긴 웅덩이는 도롱뇽이 알 낳기 좋은 서식 환경을 제공해준다. 그 숲을 살짝 돌아가면 만경강 발원지인 밤샘이다.

최소한의 개발로 보존하기를

만경강 발원지인 밤샘은 주변에 인공 시설물이 존재하지 않는다. 밤샘 주위를 돌로 쌓은 정도이고 수로는 정비하지 않아 자연 그대로의 모습을 간직하고 있다. 최근 지자체에서 만경강 문화관광 경제밸트 조성 공약으로 동상면 밤샘부터 만경강 전역으로 관심이 많아졌다.

진안에 있는 섬진강 발원지 데미샘과 장수에 있는 금강 발원지 뜬봉샘도 생태보존지역으로 친환경 개발이 이루어진 곳이다. 두 곳을 답사한 결과, 밤샘은 인공적인 구조물 없이 자연 그대로의 모습으로 보존되길 소망한다. 밤티마을 촌장과 주민들은 보존과 개발은 선택적으로 이루어져야 한다고 생각한다. 태고의 신비로움을 간직한 밤샘은 동상골의 미래이고, 자연 그대로 물려주기 위해 최소한의 개발로 보존되어야 한다. 이 또한 현재를 사는 우리의 의무이기도 하다.

거인마을 고종시 시조목이 들려주는 동상골의 삶

동상골 사람들

박 영 환

동상면은 예부터 평야가 적고 산 구릉지가 많아 농사짓기 어려운 지리적 조건이었다. 그런데도 주민들은 산 중턱까지 호미와 괭이로 땅을 일구어 힘들게 삶을 이어왔다. 또 험한 산세 때문에 교통이 불편한 대한민국의 8대 오지였다. 이곳은 만경강 발원지가 있는 최상류이지만 물도 넉넉지 못했다.

일제강점기와 한국전쟁을 겪으며 잦은 피난으로 일구어 놓은 터전마저 불타고, 농사짓던 땅도 척박한 땅으로 변해버렸다. 이런 역사적인 고난과 척박한 환경에도 불구하고 동상 사람들은 삶을 영위하기 위해 감나무를 심고 가꾸었다. 감을 수확하여 곶감을 만들어 팔았고, 그렇게 해서 생활을 영위하고 자녀들을 교육할 수 있었다.

고종시 시조목을 만나다

동상골 사람들 삶의 전부였던 고종시 시조목을 찾아 신월리 거인마을에 있는 면민운동장으로 향했다. 고종시 시조목과 마실길 2코스 가는 길

고종시 곶감

을 알리는 표지판이 있다. 지난 7월까지만 해도 시조목 표지판이 없어 외지인은 물론 동상면 주민조차 길을 찾기가 쉽지 않았다. 이런 불편함을 해소하고 완주군 전역에 시조목을 알리기 위해 동상면 행정복지센터에서 길을 정비하고 표지판을 세웠다.

표지판을 따라 웃덟박골 골짜기로 올라가면 자연의 벗이 많다. 사계절 바람과 물, 새와 곤충들이 쉬지 않고 말을 하며 봄(4~6월)에는 아름다운 금낭화가 피어 고종시 시조목을 찾아오는 이들의 눈을 밝혀주고, 늦가을(11~12월 초)에는 감나무에 서리 맞은 감이 달려 오르는 이들에 입을 즐겁게 해준다. 대부산 8부 능선까지 안내 표지판을 따라 올라가면 햇볕이 잘 들고 바람이 멈췄다 가는 길목에 하늘을 향해 우뚝 솟은 고종시 시조목을 볼 수 있다.

시조목을 바라보면 자연스럽게 산괴불주머니도 눈에 들어온다. 360여 년 긴긴 세월을 지낸 고종시 시조목에 기생하는 산괴불주머니는 현호색과에 속하는 2년생 초본으로 동북아시아 전역 습한 산지에 서식한다. 어떤 이유로 올 한해 시조목과 함께 동고동락하는지 모르겠지만 힘든 세월 홀로 지낸 시간 중 1년이라는 찰나에 말벗해주는 동무가 있어 외롭지 않아 보인다.

기후변화, 고령화로 곶감 생산 농가 감소

1970년 동상면 인구는 3,657명이었고 10세 미만 아이는 1,257명에 이르렀다. 50년이 지난 지금은 동상면 인구가 1,000여명으로 줄고 10세 미만의 아이도 30여명으로 줄었다. 지구 온난화로 인해 겨울철 온도상승으로 북서 계절풍의 변화, 짙은 안개와 높은 습도로 인해 수확되는 감과 건조되는 고종시 곶감의 품질이 저하되는 일이 발생하여 생산 농가에서는 품질 향상을 위해 시설 투자가 불가피하게 되었다.

동상면 전 지역 고령화로 인해 인근 지역에서 사람을 구하며 인건비와 장비대가 증가하고 감을 건조하는 감덕 시설 투자 등으로 생산원가가 오르고 있지만, 젊은 층의 소비가 줄어들어 갈수록 판매량과 판매금액이 낮아지는 이중고를 겪고 있다. 그런 이유로 생산 농가와 생산량이 감소하고 있는 것이 현실이다. 예전처럼 학교 보낼 아이들도, 땅 사고 집 지을 젊은 귀농인도 줄어드는 현실에 어쩌면 고종시 곶감도 자연스럽게 잊히지 않을지 걱정된다.

고종시 시조목을 답사하면서 우리 만남이 스쳐 지나가는 인연이 아님을 깨달았다. 360여 년 동안 척박한 환경에서 묵묵히 버텨온 고종시 시조

고종시 시조목

목을 역사적인 사례 분석과 동상면민의 삶과 연계해서 후대에도 잊혀지지 않고, 동상면의 숨은 자원을 넘어 완주군의 관광자원으로 발전되길 기대한다. 대한민국 8대 오지였던 동상면이 발전할 수 있는 원동력은 지역의 특산품과 천혜의 관광자원이 아닐까 생각해 본다.

용담댐 수몰지에서 온 느티나무가 들려주는 대아수목원 이야기

제2의 고향, 완주

김 왕 중

완주군 동상면은 군의 동부지역을 남북으로 길게 차지하고 있다. 면적의 대부분이 산악지형이기 때문에 경제활동에 제약이 되고 있지만, 환경적으로 보면 대단히 큰 장점이 있는 지역이다. 특히 밤티재부터 시작해서 대아저수지까지 이어지는 길은 주변 풍경과 어우러져 멋진 드라이브 길로 유명하다. 그중 절반은 동상저수지와 대아저수지를 끼고 가는 수변 도로 구간이다. 맑은 호수를 바라보며 가는 이 길은 언제 달려도 시원하기 그지없다. 대아저수지 중간쯤에 대아수목원이 있는데 시간 여유가 있다면 이곳도 잠시 들러보는 것이 좋겠다.

수몰지에서 옮겨온 느티나무

대아수목원 안으로 들어서면 정원이 보인다. 정원에 올라서면 유난히 키가 큰 나무 한 그루가 있다. 340년 된 느티나무로 진안군 정천중학교에 있던 나무이다. 진안에 용담댐을 만들면서 수몰 예정지가 되어 폐교된 학교를 2000년 철거할 때 백산조경에서 나무를 사서 대아수목원에 기증했

98 · 동상

대아수목원 느티나무

다. 사라질 수도 있었던 나무가 이곳으로 옮겨져 새로운 둥지를 틀었다. 역사적 가치를 지닌 나무이다.

　동상면도 동상저수지와 대아저수지를 만들면서 수몰민들이 고향을 떠나 이주하는 아픔을 겪었던 곳이라서 느티나무 이주가 남의 일 같지 않다. 이제는 느티나무도 완주를 제2의 고향 삼아 이곳에서 천수를 누렸으면 좋겠다.

분재원과 식물원, 보고 걸으며 힐링하다

　대아수목원 정원은 분재원을 중심으로 아름답게 꾸며져 있다. 봄에는 수선화, 튤립이 화려하게 꽃피우고 은은한 목련의 꽃향기가 정원에 가득

하다. 정원에 있는 분재원에 들어가면 줄지어 늘어선 분재를 볼 수 있다. 280여 개의 분재가 전시되어 있다. 분재원에는 소나무와 같이 수형의 아름다움을 보기 위한 분재들이 많이 있지만 특별히 꽃과 열매를 같이 즐길 수 있는 나무들도 있다.

봄이 오기 전에 이곳에 오면 한발 앞서 매화와 같은 봄꽃을 볼 수 있다. 정원 바로 위쪽에는 숲문화마루가 있다. 예전부터 있던 건물을 리모델링하면서 이름도 바뀌었다. 숲문화마루는 2층 구조로 되어 있다. 1층에는 산림자원을 알기 쉽게 분류해서 전시해 놓았다. 2층은 전시공간이라기보다는 쉼터에 가깝다. 특히 나무의 조형미를 살려 꾸며놓은 구조물이 인상적이었다. 카페 느낌의 쉼터와 도서관도 있다. 아이들이 편안한 분위기에서 책을 볼 수 있도록 배려했다

숲문화마루를 나와 위쪽에 있는 열대식물원으로 향했다. 열대식물원 입구에는 작은 조각공원이 있다. 정원에는 많은 조각품이 전시되어 있어 천천히 걸으며 작품 감상할 수 있도록 했다. 열대식물원은 유리온실로 되어 있다.

식물원 안에는 열대과수원, 선인장 다육원, 관엽식물원, 흥미·진귀식물원, 수생식물원, 식충식물원, 분재원, 야생화원 등으로 구분되어 있다. 전체 7,000여 본의 식물이 심겨 있어 언제 찾아도 꽃을 볼 수 있는 곳이다. 꽃이 귀한 시기에 이곳을 찾아오면 꽃을 볼 수 있어 좋다.

열대식물원을 나와 편백나무 가로수가 심어진 길을 따라 오르면 임도(林道)를 만나게 된다. 대아수목원에는 두 가지의 걷기 코스가 있는데, 하나는 임도(林道)를 따라 걷는 산책길이고, 또 하나는 제1전망대에서 제3전망대까지 능선을 따라 걷는 산행 코스이다. 임도(林道)를 따라 걸어보

앉다. 전체 길이가 2.3㎞로 부담이 없다. 임도(林道) 중간중간에 산림 정보를 알려주는 표지판이 있는데, 읽어 두면 도움이 될 꿀 팁이다.

　중간에 숲속 교실도 있다. 숲에서 자연과 함께하는 수업은 어린이들의 인성 발달에 도움이 될 것 같다. 대아수목원은 다양한 자원들을 가지고 있어 가는 곳 모두가 훌륭한 교육 교재가 된다. 표지판에는 금낭화를 노래한 시(詩)도 보인다. 숲속 교실에서 조금 지나면 금낭화 군락지로 가는 표지판이 나온다. 우리나라에서 가장 규모가 큰 금낭화 자생 군락지이다. 꽃이 피는 4월 말이면 장관이다.

산 능선을 따라 산책할 수 있는 대아수목원 전망대

　대아수목원에는 산책은 물론 등산도 즐길 수 있다. 수목원을 감싸고 있는 산 능선을 따라 등산로가 만들어져 있다. 산봉우리에는 중간중간 전망

대아수목원 전망대에서 내려다본 대아저수지 풍경

대 3개가 있어 등산을 하다가 쉬엄쉬엄 가면 된다. 등산은 제1전망대를 올라 능선을 따라 완주하는 코스가 있고, 가볍게 산행을 할 때는 금낭화 군락지를 지나 제3전망대 방향으로 올라 서쪽 봉우리까지 다녀오는 방법도 있다.

금낭화 군락지는 꽃이 피는 시기에 가면 최고겠지만 꽃이 없는 시기에도 걷기 좋은 구간이다. 데크길이 조성되어 있어 편하게 주위를 돌아볼 수 있도록 했다.

금낭화 군락지를 지나 경사 구간을 조금만 더 오르면 왼쪽에 제3전망대가 있다. 이곳에서 오른쪽 등산로가 서쪽 봉우리 전망대로 가는 길이다. 등산로를 따라가면 능선 끝부분에 자연 전망대가 있다. 능선에서 살짝 튀어나온 바위가 자연스럽게 전망대 역할을 하고 있다.

전망대에 서면 대아저수지 풍경이 내려다보인다. 대아저수지 호반길을 달리면서 바라보는 풍경과는 사뭇 다른 느낌이다. 운암산에 올라서도 대아저수지 풍경을 볼 수 있지만, 바라보는 각도가 달라 다른 느낌을 얻을 수 있다. 특히 대아저수지 안에 있는 전주 최씨 묘역을 확실하게 확인할 수 있다. 왜 그 지형을 풍수지리적으로 자라혈이라고 부르는지 이해가 된다. 산 위에서 내려다보는 대아저수지 풍경은 말 그대로 절경이었다. 마냥 머물러 있으면서 보고 또 보고 싶은 풍경이다.

대아저수지 풍경을 마음속에 간직하고 갔던 길을 되돌아 내려갔다. 금낭화 군락지를 지나 대아수목원 정원 방향으로 갔다. 유치원생들을 위한 유아 숲 체험원이 먼저 나온다. 아이들이 자연 속에서 마음껏 뛰놀면서 체험 학습을 할 수 있도록 설계되어 있다.

바로 그 옆에는 작은 연못이 있다. 철쭉, 왕버들나무, 감나무가 어우러

철쭉꽃이 피었을 때의 대아수목원

져 있고, 데크길에 솟대도 세웠다. 예쁜 연못이다. 특히 연못 주변에 철쭉
꽃이 만발한 풍경은 어느 곳과 비교해도 뒤지지 않을 정도이다. 대아수목
원은 계절마다 피는 꽃구경도 하고 다양한 숲 체험도 즐길 수 있어 쉼터
로 좋은 환경을 가지고 있다. 이 정도 여건이라면 용담댐 수몰지에서 이
주한 느티나무도 잘 적응하며 살아갈 것으로 기대된다.

배롱나무가 들려주는 신월리 이야기

화무십일홍

김 왕 중

　동상면행정복지센터 앞에는 배롱나무 한 그루가 있다. 여름철 꽃이 붉게 필 즈음에는 행정복지센터를 오랫동안 붉게 물들여 한 나무가 열 나무 몫을 한다. 배롱나무꽃은 한 해 중에서 가장 뜨거운 계절에 꽃을 피워 100일 동안 우리 곁을 지켜준다. 그래서 백일홍나무라고도 부른다. 꽃이 붉은색이라서 자미화(紫微花)라고도 한다.

여름~가을 내내 붉게 피어있는 배롱나무 한 그루

　흔히 화무십일홍(花無十日紅)이라고 하는데, 그 말이 무색해지는 꽃이기도 하다. 그렇지만 전혀 틀린 말 또한 아니다. 나무 입장에서는 꽃이 피고 지기를 반복하면서 100일 동안 지속해서 꽃을 피우는 것은 맞지만 그 중 하나의 꽃을 보면 화무십일홍에 따르고 있기 때문이다.

　배롱나무 꽃말은 부귀, 떠나간 벗을 그리워함이다. 무더위 속에서도 풍성하게 핀 꽃을 보면 저절로 마음이 풍요로워지고, 꽃말이 수긍이 간다.

　그렇다면 떠나간 벗과는 무슨 관계가 있을까? 아마 100일 동안이나 가까이 지내다가 꽃이 다 질 때 느끼는 허전함과 관련이 있어 보인다. 친구에 대한 그리움도 거기에서 나오지 않았을까 생각이 든다. 동상면 행정복지센터 앞에 있는 배롱나무에는 스토리가 전해진다.

이 나무의 수령은 100년 정도가 되었다. 본래 동상면 신월리 신성마을(명지목)에 있던 것을 1960년대 초 고 배충직 면장과 전 최규호 면장 재임 시 이곳으로 옮겼다. 꽃말이 부귀를 상징하고 있어 동상면민들이 부귀와 영화를 누리며 행복하게 잘 사는 고장으로 발전하기를 바라는 소망을

동상면 행정복지센터에 있는 배롱나무

담은 나무이다. 다른 꽃은 쉽게 지지만 배롱나무꽃은 여름부터 가을까지 100일 동안 피어 있으니, 면민들의 화합과 번영을 기원하는 마음에서 이 나무를 심었다. 그런 스토리를 알고 보니 배롱나무가 더 멋지게 보였다.

대아저수지의 상부 댐 역할을 하는 동상저수지

동상면 신월리는 동상면 행정복지센터와 동상저수지, 인근 동부지역을 포함한다. 동상면 밤샘에서 발원한 만경강 물줄기를 따라 내려가면 동상저수지가 나온다. 만경강 물줄기가 흘러 처음 모이는 곳이다. 동상저수지는 농업용수 확보를 위해 1959년 기공해서 1965년 준공했다. 바로 아래에 있는 대아저수지와 연결되어 있는 상부 댐 역할을 하고 있다.

저수지가 생기기 전에는 원신마을에서 볼 때 북서쪽 저수지 안쪽에 마을이 있었다. 소재지 중심으로 개울이 흐르고 징검다리를 건너 이쪽저쪽을 오갔던 곳이다. 개울을 사이에 두고 면사무소, 초등학교, 지서가 있었는데, 수몰되면서 면사무소와 지서는 지금의 동상면 소재지가 있는 곳으로 이전하고, 초등학교는 원신마을로 이전하게 되었다. 초등학교만 원신마을로 이전한 배경으로는 학생들 등교를 원활하게 하기 위해 마을 간 거리를 고려했기 때문으로 보인다.

수몰지역 주민들이 이주하면서 생긴 원신마을

동상면 원신마을은 동상면 소재지와 주천면, 고산면으로 갈라지는 삼거리 동상저수지가 내려다보이는 언덕에 있다. 동상초등학교가 있는 마을이라고 하면 더 쉽게 찾을 수 있겠다. 저수지 풍경과 잘 어울리는 예쁜 마을이다. 이 마을의 역사는 곧 동상저수지 역사이기도 하다. 동상저수지가 생기면서 수몰지역 주민들이 이주하면서 생긴 마을이기 때문이다.

원신마을은 도로변 산 경사로를 이용해서 마을이 만들어져 있어 차를 타고 지나면서도 마을 풍경을 들여다볼 수 있다. 길가에 있는 어느 건물에는 동상주조장(東上酒造場) 간판이 걸려 있다. 요즘 간판은 지붕 처마 끝에 세워 놓았지만 이 주조장 간판은 벽에 걸려 있다. 하얀색 바탕에 검은 글씨로 담백하게 쓴 글씨가 꽤 오래된 간판이라는 생각이 들었다.

주조장 사장의 이야기로는 1955년에 주조장 허가를 받아서 지금까지

신월리 원신마을 동상주조장

이어져 오고 있단다. 물론 주인은 여러 번 바뀌었지만. 수몰지역에 있을 때부터 해왔다는 의미이다. 67년의 역사를 가진 양조장은 흔치 않은데 마을의 보배라는 생각이 들었다. 동상면의 대표 명소로 육성해도 좋겠다.

양조장 바깥에는 커다란 술 항아리가 먼지를 쓰고 있다. 추억의 양조장 풍경 한 단면이다. 예전에는 항아리의 숫자가 양조장의 규모를 가늠하는 척도가 되었던 때도 있었으니까. 지금은 공정이 자동화되면서 소용이 없어졌다. 이곳에서 생산되는 막걸리는 '동상 운장산 생막걸리' 브랜드로 지역 슈퍼에서 판다. 마을은 도로를 사이에 두고 위아래로 나누어져 있지만 대부분 집들이 도로 위쪽 경사면에 있다. 마을 가운데로 산에서 흘러내린 계곡물이 지나고 골목은 조금 오르다가 어느 집 앞에서 멈췄다. 마을 규모가 작기 때문에 도로를 중심으로 짧은 골목들이 흩어져 있어 골목과 골목이 서로 연결될 이유가 없다.

마을에는 새로 단장된 집들도 있지만 1970년대 분위기를 그대로 유지한 집들도 곳곳에 남아 있다. 그런 집들 옆에 활짝 핀 접시꽃이 잘 어울린다. 옛 정취를 고스란히 느낄 수 있는 장점을 가진 마을이다.

요즘 시골 마을에 가면 공통적으로 빈집이 늘어가고 있는데 원신마을 역시 예외는 아니다. 주인이 살지 않는 어느 빈집 마당에는 개망초꽃이 흐드러지게 피었다. 그 옆에 있는 경로당 건물도 빈집을 활용해서 만들었는데, 지금은 코로나19로 인해 사용하지 못하고 있어 썰렁한 분위기였다. 빨리 안정되어 경로당이 주민들의 사랑방 역할을 했으면 좋겠다. 마을 골목으로 돌아보면서 담 너머로 집안 살림을 구경하는 재미도 있다. 계절에 따라 보여주는 풍경이 많이 다른데, 요즘은 밭에서 수확한 마늘, 양파, 파 등을 걸어 놓은 것을 볼 수 있다. 농촌의 풍요로운 장면이다.

신월교회 그리고 순교자 기념비

어느 골목길을 올라가면 붉은색 벽돌로 지은 신월교회 건물이 있다. 초석을 보니 1982년에 지었다. 현재 교회 건물도 40년이 되었지만, 신월교회 역사는 훨씬 더 거슬러 올라가야 한다. 120여 년 전 맥커친(한국명 마로덕) 선교사가 위봉교회를 세우면서 인근 동상면으로 기독교를 전파하는 계기가 된다.

1905년 학동교회를 시작으로 1906년 단지동교회(현 수만교회), 1907년 만재교회(현 신월교회)가 설립되었다. 신월교회 역사가 115년이나 되었다는 얘기다. 교회 옆에는 작은 종탑이 놓여 있는데 무슨 사연이 있어 보였다. 그 옆에는 순교자 기념비가 있는데, 한국전쟁 당시 인민군에 의해 희생된 신도들을 추모하기 위해 세운 기념비이다.

1950년의 추석, 교회 지도자들과 우익인사 50여 명은 인천상륙작전으로 궁지에 몰려 퇴각하는 인민군과 좌익세력들에게 끌려가 동상면 분주소 인근 야산에서 대부분 목숨을 잃었다. 이때 순교한 12명의 신도를 포함해 당시 완주군 지역에서 순교한 신도들을 추모하기 위해 1999년에 세웠다. 한국전쟁 당시의 슬픈 기억을 담고 있는 표석이다.

마을의 가장 높은 곳에 있는 동상초등학교

마을 가장 높은 위치에 동상초등학교가 있다. 동상초등학교는 1932년 동상간이학교로 인가를 받아 현재에 이르고 있다. 처음에는 수몰지에 있다가 1964년 8월 현재의 위치로 이전했다.

농촌지역 학교가 대부분 그렇듯 동상초등학교도 학생 수가 줄어 현재는 전체 학생 수가 23명이다. 그래도 다행인 것은 인근에 농촌유학센터가 들어서 감소된 학생 수를 보완해 주는 효과가 생겼다. 학교 도서관은 마을 주민 도서관 역할을 겸한다. 마을 주민들과 학교가 도서관을 통해서 서로 소통하고 상생하는 모델이다. 이렇듯 원신마을은 동상초등학교가 있어 더 빛이 난다. 마을의 또 하나 자랑거리인 셈이다.

구수마을의 기차산 해골바위

동상면 신월리 원신마을 삼거리에서 주천면 방향으로 가다가 신월리 구수마을에 가면 기차산 해골바위로 갈 수 있다. 장군봉 아래쪽에 있는 바위인데, 코스가 험하지 않고 가는 도중에 만나는 바위들이 전해주는 이야기를 들을 수 있는 곳이다. 마을 안길을 따라서 오르면 기차산의 주봉인 장군봉(738m)이 보인다. 작은 마을에는 집들이 계곡을 따라 듬성듬성 있다.

마을 이름이 '구수'인데, 구수는 구유, 즉 소죽통을 의미한다. 마을이 마치 소의 구유처럼 생겼다고 붙여진 이름이다. 마을을 벗어나 해골바위 방향으로 길을 잡았다. 숲속에 들어서자 상쾌함이 전해진다. 길가에 큰 바위 하나가 동떨어져 있는데 옆모습이 사람 얼굴을 닮았다. 큰 바위 얼굴인데, 가까이 보니 할미 모습을 닮았다.

바위 표면이 물리적, 화학적 풍화작용에 의해 구멍이 생기는 것을 풍화혈이라고 한다. 기차산 바위에서는 이런 현상을 종종 볼 수 있다. 큰 바위 얼굴도 그런 현상에 의해 생긴 모습이다. 큰 바위 얼굴을 지나면 조릿대 숲길이다. 기차산은 깊은 산중에 있어 숲이 잘 보전되었다. 숲의 천이과정에서 보면 극상림을 이루고 있는 숲이다.

소나무는 생육 환경이 좋은 땅에서 밀려나 바위가 밀집한 척박한 땅에 조금씩 보인다. 시간이 지나면서 등산로는 점차 가팔라진다. 로프에 의지하면서 험한 구간을 지나면 다시 길은 평온을 되찾는다.

그 길가에 이번에는 동물을 닮은 바위가 있다. 마치 큰 고래 한 마리가 산에서 내려오는 모습으로 보인다. 고래 형상의 바위를 돌아 그 위쪽으로

신월리 구수마을 기차산 해골바위

오르면 역시 여러 형상의 풍화혈이 있는 바위가 있다. 어느 것은 하트 모양을 닮았고, 어느 것은 꼭 어떤 형상이라고 말할 수는 없지만 시간이 지나면 새로운 조각 작품으로 탄생되지 않을까 생각된다.

그곳에서 눈을 들어 올려다보면 해골바위이다. 큰 바위에 구멍이 송송 뚫려 있는 형상이 해골 이미지를 닮았다. 원래는 '용 뜯어먹은 바위'라 불렸단다. 전체적인 바위 모습이 누군가가 먹다 남겨 놓은 듯 이빨자국이 있어서 붙은 이름이다. 그러다 언제부터인가 해골처럼 보인다고 해서 해골바위로 알려지기 시작했다.

해골바위같이 암벽에 풍화혈이 벌집 모양을 이루고 있는 것을 타포니 지형이라고 부른다. 해골바위 위쪽으로 가면 넓지는 않지만 위로 올라가 볼 수 있다. 그 위에서 주변을 보면 전망이 훌륭하다. 위에서 내려다보니 깊은 산중에 들어와 있다는 것이 실감 난다. 해골바위의 강력한 이미지가 오랫동안 여운으로 남을 것 같다.

학동마을 느티나무가 들려주는 수만리마애석불 이야기

바위에 새긴 불심

김 왕 중

학동마을 주변은 환경이 좋아 자연의 아름다움을 즐길 수 있는 곳이 여럿 있다. 마을 입구에 있는 보호수로 지정된 느티나무를 중심으로 고종시 마실길 1코스와 2코스 걷기도 가능하고, 바로 앞에 보이는 대부산에 있는 수만리마애석불 코스도 권할만한 곳이다. 수만리마애석불 가는 길은 학동마을에서 가까운 곳에 있어 가볍게 다녀올 수 있는 분위기 좋은 코스이다.

길을 따라 가면 나오는 입석마을

학동마을 입구 느티나무에서 길을 따라 계속 가면 입석마을이 나온다. 입석마을을 지나는 도로를 따라 동상저수지 방향으로 내려가다 보면 마을이 끝날 즈음에 왼쪽에 들꽃세상 카페가 있다. 카페를 지나면 오른쪽에 입석교가 나오는데 이곳이 수만리마애석불 가는 시작점이다. 입구에서 마애석불까지는 1.42㎞이다. 부담 없이 싸드락싸드락 다녀오면 좋겠다.

표지판 맞은편에 있는 입석교를 지나 숲길로 접어들었다. 숲길 입구에 무릇 꽃이 군데군데 보인다. 꽃 크기는 상사화와 비교하기 어려울 정도로 작은데 무릇 꽃도 잎은 보이지 않고 꽃대만 불쑥 올라와 있다. 무릇 꽃도 상사화를 닮아가고 있나 보다. 숲길에는 널찍한 돌들이 깔려 있다. 발걸음을 디딜 때마다 묵직함이 전해지지만 대체로 평탄한 돌이라서 불편함이 느껴지지 않는다. 주변을 보니 너덜지대이다.

너덜은 산에 있는 바위들이 풍화되어 부서져 흘러내려 주변에 널려 있는 산비탈을 말한다. 이런 돌들이 많아서 그런지 등산로를 이루고 있는 돌들은 대체로 평탄한 돌이라서 걷기에 편했다. 입구에서 300여 m쯤 가면 대부산 가는 길과 마애석불 가는 길이 갈라진다. 오른쪽 마애석불 가는 길로 접어들면 조릿대 숲길이 시작된다. 완주군에 있는 산에서 흔히 볼 수 있는 풍경이다. 오래된 숲에서 나타나는 특징이다.

조릿대 숲길을 지나는데 소나기가 후드득 쏟아진다. 준비해 간 우산을 꺼내 비를 피했다. 다행히 많은 비는 아니라서 산행을 계속할 수 있었다. 등산로에는 나뭇잎들이 꽤 떨어져 있다. 벌써 살짝 물이 들었다. 가을이 멀지 않았나 보다. 올해만 몇 번째 오르는 길이라 풍경이 낯설지 않았다.

백양꽃으로 불리는 주황색 상사화 군락지

이번 답사에서는 아름답게 핀 상사화를 기대하고 있다. 그런데 거의 중간까지 가는 동안 상사화는 보이지 않는다. 그저 평범한 숲길만 계속되었다. 계곡도 물이 많지 않아 겨우 바위 사이로 졸졸졸 흐르는 정도이다. 대부산 계곡은 그다지 깊지 않은 이유도 있지만 계곡이 작은 바위돌이 쌓여 있는 구조라서 계곡물이 줄어들면 잘 보이질 않는다. 이럴 때는 나무를 관찰하기도 하고, 숲에서 들리는 소리에 귀를 기울이며 걷는 것이 좋다.

중간쯤 지났다고 생각되는 지점에 갔을 때 상사화가 보이기 시작했다. 분홍색 상사화를 예상했는데 주황색이다. 주황색 상사화는 특별히 백양꽃이라 부른다. 전라남도 장성에 있는 백양사 인근에서 처음 발견되면서 그런 이름을 얻었다.

백양꽃이 일부 구간에서는 등산로에 위태롭게 서 있어 발에 밟히지 않도록 조심스럽게 지나야 했다.

그곳을 지나자 등산로 주변 좌우로 백양꽃 군락지가 펼쳐졌다. 주로 계곡을 따라 있는 것을 보면 물길을 따라 번식이 이루어진 것으로 보인다. 백양꽃은 화려한 꽃을 피우지만 씨

수만리마애석불 가는 길에 핀 백양꽃

를 맺지 못한다. 씨로 번식하는 식물은 바람이나 물의 도움을 받기도 하고 새와 같은 동물들의 먹이가 되어 멀리 퍼트린다. 그렇지만 백양꽃은 비늘줄기로 번식한다.

소나기가 지나가면서 비를 뿌려 백양꽃 군락지가 촉촉하게 젖었다. 비에 젖은 꽃대에서 상큼발랄한 느낌이 전해진다. 마침 구름 사이에 가려졌던 해가 나오면서 어두웠던 숲이 다시 밝아졌다. 숲속에서 부분 조명을 받은 백양꽃은 영롱한 빛을 발한다. 그 아름다운 자태에 반해 발이 떨어지지 않았다. 어느 한 무리만 그런 것이 아니다. 주위를 돌아보면 숲 곳곳에서 아름다움을 뽐내고 있는 백양꽃 무리를 볼 수 있다.

잠시 수만리마애석불 가는 일도 접어두고 이곳저곳 넘나들면서 백양꽃 주위를 서성거렸다. 백양꽃을 보면 볼수록 자꾸만 빠져나올 수 없는 심연으로 빨려 들어가는 느낌이다. 다 똑같은 꽃인데 희한한 일이다. 백양꽃이 어느 곳에서 어떤 모습을 하고 있느냐에 따라서 다른 모습으로 다가오기 때문인가 보다. 꽃이 군락을 이루고 있는 것과 한 줄기 단출한 모습으로 있는 느낌이 다르고, 빛의 양에 따라서도 차이가 느껴진다. 또 보는 각도마다 꽃의 이미지 변화도 느껴졌다.

장엄한 수만리마애석불

그렇게 오랫동안 숲속에 머물러 있던 발길을 재촉해서 마애석불을 향해 올랐다. 백양꽃 꽃길은 마애석불 바로 아래에 있는 안도암 입구까지 이어진다. 안도암 가까이 가면 길가에 감나무 고목이 보인다. 나무줄기 속이 텅 빈 감나무 곁에도 백양꽃이 자리 잡았다. 감나무를 지나면 대나무 숲이다. 대나무 사이로 파란 하늘이 열렸다. 햇빛이 잘 들어오는 곳마다 이번에는 하얀 사위질빵 꽃이 넘실댄다. 대나무숲을 지나 작은 돌계단을 오르면 안도암이다. 굳이 암자라는 티를 내지 않았다. 꾸밈도 없다. 허름한 옛 모습 그대로 간직하고 있다.

안도암

전체적인 분위기가 암자라기보다는 50년 전쯤 시골집 풍경이 연상된다. 향수를 느끼게 하

는 풍경이다. 마애석불 가는 길은 안도암 뒤쪽으로 이어진다. 백양꽃 군락지 구간에 비하면 산 경사가 상당히 심한 편이다. 힘겹게 길을 가는데 두꺼비를 닮은 바위가 발을 멈추게 한다. 왜 두꺼비 바위라고 부르는지 이해가 간다. 마치 정교하게 조각을 해놓은 듯 두꺼비를 닮았다. 덕분에 잠시 쉬면서 호흡을 가다듬었다.

등산을 하다 보면 정상 근처에서 가장 힘든 구간을 지날 때가 많은데 바로 이 구간이 그런 곳이다. 그래도 다행인 것은 그 구간이 길지 않다. 조금만 오르면 거대한 마애석불과 마주한다. 수만리마애석불이다. 엄청 큰 바위 위에 새겨놓은 마애석불을 보면서 대단하다는 생각이 들었다. 전라북도 유형문화재 제84호인 수만리마애석불은 통일신라 때 만든 것으로 보고 있는데, 당시에 이런 거대한 불상을 새긴 것도 그렇고, 이 험한 기도처를 찾아왔던 옛사람들도 대단하다.

오랜 시간을 견디면서 부분적으로 훼손이 되기는 했지만 옛 모습을 잘 간직하고 있다. 마애석불이 새겨진 큰 바위 옆에 자리를 잡고 앉았다. 잠시 마애석불 곁에서 쉬면서 땀을 식히고 다시 길을 되돌아 내려왔다. 올라가면서 지나왔던 백양꽃 길을 이번에는 느긋하게 바라보면서 걸었다. 다시 보아도 아름다운 길이다. 백양꽃이 피어 있는 수만리마애석불 가는 길은 오랫동안 기억에 남을 것 같다.

학동마을 느티나무가 들려주는 둘레길 이야기

고종시 마을길을 아시나요?

김 왕 중

학동마을이 있는 지역은 완주군 동상면 수만리(水滿里)이다. 한자 뜻을 보면 물이 가득 차는 마을이라는 의미를 담고 있다. 지명 유래를 찾아보면 조선시대로 거슬러 올라간다. 조선 중기에 전라도 관찰사를 했던 이서구(李書九)가 이 지역을 지나다 '이곳은 장차 물이 가득 차게 될 것이다'라고 예언을 하면서 그 이후 수만리라고 불렀다고 전한다.

실제 수만리 아래쪽에 1965년 동상저수지가 준공되면서 물이 가득한 지역이 되었다. 학동(鶴洞)마을 유래를 보면, 이곳에 김해 김씨 몇 명이 들어와 살면서 마을이 시작되었다. 마을 모양이 갖추어지자 마을 이름이 필요했다. 어느 날 계곡에서 학이 날아가는 모습을 보고 학동(鶴洞)이라고 마을 이름을 지었다고 한다.

위봉산성에서 시작하는 고종시 마실길 1코스

학동마을은 고종시 마실길 1코스와 2코스의 경계 지점이다. 한 코스가 끝나는 곳이면서 다른 코스가 이곳에서 시작한다. 물론 학동마을에서 1

학동마을 느티나무와 정자가 있는 풍경

코스와 2코스를 출발해도 된다. 고종시 마실길 1코스는 가을에 잘 어울리는 둘레길이지만 어느 계절에 걸어도 좋은 걷기 코스이다. 고종시 마실길 1구간은 위봉산성에서 시작해서 위봉사, 위봉폭포를 거쳐 임도를 따라 학동마을까지 가는 코스인데, 거리는 11.5㎞이다. 위봉폭포 앞에는 간이 주차장이 있고, 원점 회귀가 가능해 편리한 점이 있어 위봉폭포부터 걷기로 했다.

　위봉폭포로 내려가는 나무 계단에 서면 멀리 위봉폭포가 보인다. 시원한 물줄기가 하늘을 가르고 떨어지는 풍경이 장관이다. 폭포는 2단으로 되어 있는데, 위쪽은 가늘고 길고, 아래쪽은 굵고 짧은 모습을 하고 있다.

마침 물이 풍부해서 보고 있는 것만으로도 시원함이 전해진다. 둘레길은 폭포를 지나 계곡을 따라 이어진다. 길가에는 싸리꽃이 피기 시작했다. 늘어진 가지마다 잔잔하게 달려 있는 보랏빛이 숲 색깔과 잘 어울린다. 싸리꽃을 보면서 계곡을 따라 내려갔다.

길에는 야자수 매트가 깔려 있어 걷기에 편하다. 길옆으로는 폭포에서 흘러온 계곡물이 소리를 내며 흐르고 있어 귀가 즐겁다. 숲길을 따라 내려가면 삼거리가 나온다. 이곳에서 송곳재 방향으로 가야 한다. 고종시 마실길 둘레길은 임도(林道, 숲을 관리하기 위해 만든 도로)로 되어 있어 넓고 탁 트여 단체 활동하기에도 좋은 곳이다. 임도이지만 평소에는 차량 출입이 통제되어 안전하게 걸을 수 있다.

산길을 따라 굽이굽이 돌아서 가는 길

좁은 숲길은 나무들이 하늘을 가려 그늘이 생겼다. 둘레길에 그늘이 있다는 것은 큰 장점이다. 그래도 임도는 길이 넓어 나무가 하늘을 다 가리지는 못한다. 그래서 반그늘 상태의 길을 걷게 된다. 그렇기 때문에 임도로 되어 있는 둘레길은 그늘이 있다곤 해도 한낮 시간은 피해서 걷는 것이 좋겠다.

임도 구간에는 매트가 깔려 있지 않았다. 경사진 구간을 제외하고는 대부분 흙길이다. 임도를 보면 차가 다녔던 흔적이 또렷이 남아 있는데, 차바퀴가 다녔던 곳에는 풀이 자라지 못하고, 그 옆에는 풀이 무성하다. 풀 중에는 질경이가 가장 많이 보인다. 길에서 자라는 풀이라서 길경이라 불렀던 것이 질경이가 되었다. 길에서 자라는 경우 차에 밟히고 사람들에게 밟혀 어려움이 있겠지만 질경이는 이것을 피하지 않고, 오히려 밟혀도 손상이 많이 가지 않도록 잎을 진화시켰다. 질경이가 세상 살아가는 방식 하나를 얘기해 주고 있다.

숲에서는 새소리가 끊이질 않는다. 이것은 자연이 선물하는 음악이다. 새소리뿐만 아니고 물소리 바람 소리까지 합세해서 아름다운 하모니를 이룬다. 열린 공간 너머로 건너편 숲이 다가온다. 숲은 벌써 짙은 녹색으로 변했다. 여름을 상징하는 색이다. 그 숲속에서 하얗게 빛나는 꽃이 보인다. 산딸나무꽃이다. 중간중간에 쉼터도 있다. 일반적으로 의자 정도 있는 것이 보통인데 멋진 쉼터를 만들었다. 잠시 쉬면서 목을 축였다. 숲길을 걸으며 꽃도 보고 나무도 관찰하면 더 재미있다.

고종시 마실길 1코스에는 특히 굴피나무와 층층나무가 많이 보인다. 곳곳에 잎이 부분적으로 하얗게 변한 덩굴도 볼 수 있다. 개다래 덩굴이다. 개다래는 잎이 무성해진 이후에 꽃이 핀다. 위에서 보면 잎에 가려 꽃이 피었는지 모를 정도로 무성하다. 그래서 개다래는 꽃이 피는 시기가 되면 잎을 하얗게 변화시켜 마치 꽃이 핀 것처럼 해서 벌과 나비를 유혹한다. 개화 시기에만 볼 수 있는 현상이다.

숲길은 산 모양을 따라 굽이굽이 돌아서 간다. 절대로 길 전체를 한꺼번에 보여주지 않는다. 일정 구간 나타났다가 이내 뒤로 사라진다. 앞에 보이는 숲길도 끝부분은 숲에 가려져 보이질 않는다. 그래서 어떤 숲길이 나타날지 기대를 안고 걷게 된다.

나무 사이로 비추는 빛은 예쁜 그림을 그려놓기도 한다. 임도를 걷는 가장 큰 장점은 바로 이런 것 같다. 적당한 빛이 숲에 생기를 불어넣어 준다. 길은 완만한 경사를 이루고 있지만 특별히 힘들이지 않고 걸을 수 있다. 중간에 한 번씩 경사진 구간을 제외하면 말이다.

시향정

감나무 향기가 있는 정자, 시향정

　시향정(柿香亭)에 도착했다. 감나무 향기가 있는 정자라는 의미를 가지고 있다. 고종시 마실길에 잘 어울리는 이름이다. 산 고갯마루에 정자가 있어 쉼터로 안성맞춤이다. 시향정에 오르자 시원한 바람이 스치고 지나간다. 시향정부터는 내리막길이다. 올라올 때도 많이 힘들지 않았지만 남은 구간은 더 부담 없이 가도 되겠다.

　시향정을 뒤로하고 내려가는데 숲에서 벌이 떼를 지어 움직이는 소리가 들린다. 이 정도의 벌떼라면 꽃이 있다는 의미다. 주변을 돌아보아도 꽃이 보이질 않았다. 걸음을 멈추고 벌 소리가 나는 곳을 자세히 살펴보았다. 큰 나무 사이로 벌들이 무리 지어 분주하게 움직이는 것이 보였다. 그제서야 길바닥에 꽃이 잔잔하게 떨어져 있다는 것을 눈치챘다. 고욤(고염)나무꽃이었다.

고염나무는 감나무과에 속하는 나무이다. 감나무 접목할 때 고욤나무를 사용하는 것으로 잘 알려져 있다. 고욤은 꽃도 열매도 감을 닮았지만 크기는 아주 작다. 고욤나무를 지나자 이제는 감나무가 보이기 시작한다. 멀리 있어 잘 보이지는 않지만 감꽃이 필 시기가 지났기 때문에 감나무는 작은 감들을 가득 품고 있을 것이다. 그리고 맑은 가을날 붉게 물든 감을 내어줄 것이다.

밤이 긴 다자미마을

길을 가다 보면 갈림길이 나온다. 아름다운 생태 숲길과 만나는 지점이다. 원시림 같은 느낌이 드는 숲길을 로프가 길 안내를 맡았다. 숲 끝에서 계곡을 건넌다. 나무를 걸쳐놓은 운치 있는 다리이다. 숲길을 빠져나오면 다자미(多子美)마을이다. '아이들이 많은 아름다운 마을'이라는 뜻을 가진 마을 이름이 재미있다. 아이가 없는 부부도 이 마을에 이사 와서 살면 아이가 생긴다는 속설이 전해지는 마을이다.

다자미마을은 구조적으로 높은 산으로 둘러싸여 있어 해가 늦게 뜨고 반대로 해가 일찍 지는 특징이 있어 밤이 상대적으로 긴 마을이겠다. 밤이 긴 것이 영향을 주었으려나? 그냥 그런 생각을 해보았다. 도로를 따라 계속 내려가면 학동마을이다. 산에서 흘러온 계곡물이 학동마을 앞으로 흐르고 있고, 냇가에 정자와 느티나무 고목이 줄지어 있어 아름다운 풍경이다.

산촌마을 풍경이 살아있는 학동마을

학동마을은 옛 마을 구조가 그대로 유지되어 있어 산촌마을 풍경을 잘 보여준다. 고종시 마실길을 걷고 나서 마을을 떠나기 전에 골목길을 따라 마을을 한 바퀴 돌아보는 것도 의미가 있다. 느티나무 정자 맞은편에는 마을에서 운영하는 청국장과 된장을 만드는 작업장과 체험장이 있다. 학동마을에서는 콩 농사를 지어 만든 청국장과 된장이 마을 주민들의 중요한 수입원이다.

체험장에서 골목을 따라 마을 안쪽으로 걸었다. 학동마을의 두 얼굴이 보인다. 본래 예부터 있어 온 익숙한 풍경과 외지인들이 많이 들어오면서 바뀐 현대식으로 지은 집 풍경이 어울려 있다.

다른 마을에서 보기 어려운 풍경도 있다. 집 마당가에 작은 구조물이 있는 풍경인데, 벽체는 나무로 되어 있고 그 위에 지붕을 얹었다. 한 집만 있는 것이 아니고 여러 집에 있었다. 용도가 궁금해서 마을 주민에게 물

벼를 보관했던 두지

어보니 추수한 벼를 보관하는 전용 창고인 두지였다. 이런 특별한 농경문화가 남아 있는 마을이다.

100년이 넘은 학동교회

마을에는 붉은 벽돌로 지은 오래된 학동교회가 있다. 1905년에 설립된 117년의 역사를 가진 교회이다. 처음에는 지금보다 약간 아래쪽에 있던 초가집에서 시작했는데, 1976년 현 위치로 옮겨 새로 지었다. 교회를 건축할 당시에는 도로가 없어 동상저수지 건너편에서 배를 이용해 벽돌을 운반했다. 선착장에 도착한 벽돌은 신도들 어른 아이 할 것 없이 모두 나서 공사장까지 들어서 옮겼다. 빨간 벽돌을 들어 나르는 행렬을 상상만해도 대단했겠다. 모래는 외부에서 가져오기가 어려워서 개울 느티나무 아래에서 모래를 파서 채로 선별해 사용했다. 학동교회에는 옛 교인들의 땀과 열정이 담겨 있었다. 그래서 그런지 지금 보아도 아름다운 교회다.

학동교회를 지나 마을 입구 쪽으로 가면 유난히 키가 큰 느티나무가 나온다. 수령이 300년 된 보호수로 지정된 나무이다. 느티나무가 있는 곳은 학동마을 입구인데 앞쪽에 있는 입석마을과는 상당히 떨어진 곳이다. 마을에서 떨어진 입구에 큰 나무가 있는 것은 옛 마을 구조에서 흔한 일이다. 나무가 마을 경계를 표시하고, 마을의 수문장 역할을 하기도 했다. 옛사람들은 큰 나무가 마을을 지켜준다고 믿었기 때문이다. 학동마을 느티나무도 그런 의미를 함축하고 있을 것으로 보인다.

오랫동안 마을을 지켜온 느티나무는 지금은 고종시마실길을 찾는 사람들을 안내하는 역할까지 하고 있다. 학동마을 느티나무는 마을의 상징이면서 고종시마실길 1, 2코스의 이정표가 되었다.

학동마을 보호수로 지정된 느티나무

원구만마을 버드나무가 들려주는 이방간 이야기

왕권 다툼에서 밀려난 비운의 왕자

손 안 나

전혀 예상하지 못한 코로나19 바이러스 이후 여행의 패러다임이 소규모, 힐링, 치유, 안전으로 급격하게 변하고 있다. 사람을 만나는 것이 어려운 시기에는 가까운 사람과 하는 산책이 안전한 여행이고 취미생활이 될 수 있다. 마음이 심란할 때는 종종 봉동교부터 회포대교까지 왕복 11㎞를 걷는다. 만경강의 경치를 즐기면서 원구만 마을 둘레길을 걸으면 마음도 풀리고 기분도 좋아지곤 한다. 특히 우울할 때 만경강을 걸으면 힐링과 치유를 체험할 수 있다.

엔데믹 시대 언택트 관광은 만경강힐링도보테라피가 최고이다. 만경강힐링도보테라피는 단순하게 걷는 것에서 진화하여 만경강 주변의 역사와 문화 생태자원을 연결하고, 더하여 시 낭송이나 작은 음악회, 강변 영화제, 마을에서의 체험 등을 추가한 문화와 예술, 생태를 융합한 도보여행 프로그램이다.

만경강힐링도보테라피는 만경강 주변 마을의 다양한 자원을 활용하여 지역을 활성화하고 소득 증대에 이바지할 수 있는 생태관광 프로그램이다. 원구만 마을 둘레길은 힐링과 치유를 주제로 한 만경강힐링도보테라피로 300년 된 버드나무 할머니의 이야기를 들을 수 있다.

이방간이 귀양을 살았던 구만리

《완주군지》와 《한국지명총람》에 의하면 원래는 '궁만(弓灣)'이었는데 발음의 편의상 받침이 탈락하여 구만리가 되었다고 한다. '궁만'은 만경강 물이 커다랗게 굽어서 흐르는 모습이 활처럼 생겼다고 해서 유래한 이름으로 원구만 마을은 물굽이 안쪽에 해당한다. 반면 봉황은 한 번의 날갯짓으로 구만리를 날아가는데 비봉에서 날아오른 봉황이 한 번의 날갯짓으로 구만리로 날아와 봉서산에 깃들었다는 구전도 있다

봉황과 관계 있는 구만리 원구만 마을은 제2차 왕자의 난 때 이방원에게 패한 이방간이 귀양을 살았던 곳이다. 백성은 권력다툼에서 밀려나 벽촌에서 귀양살이하는 이방간을 봉황으로 인식하였는지도 모르겠다. 용진 역시 용이 나아간다는 뜻으로 이방간이 왕위에 오르길 바라는 백성들의 마음이 담겼나 보다.

앞으로 만경강이 흐르는 배산임수 마을, 원구만

원구만마을에는 200년 된 버드나무 보호수가 있다. 천내마을에서 귀양을 살던 이방간이 버드나무로 만든 지팡이를 짚고 다니다가 이곳에 꽂아 두었는데 뿌리를 내리고 잎이나 거목이 되었다고 한다. 천내마을은 이 버드나무가 있는 인근의 논과 만경강 안쪽에 있었을 것으로 추정한다. 만경강 직강화 공사와 제방길 공사로 천내마을이 없어지고 이방간의 후손들이 원구만마을에 정착하였다.

원구만마을 버드나무

이방간의 지팡이였던 버드나무 거목이 죽은 자리에 후계목이 자랐는데 현재의 버드나무다. 200년이 훌쩍 넘은 이 버드나무를 볼 때마다 포카혼타스에 나오던 나무 할머니가 생각난다. 옹이진 얼굴로 웃으며 "왔니? 아파하지 말아라~"라고 위로하는 것 같아 슬그머니 다가가 버드나무를 안아 보았다. 나무의 강인함, 따뜻함, 생명력이 전해져 오며, 그저 나무를 안았을 뿐인데 마음이 따뜻해진다.

원구만마을은 우형산을 뒤로하고 앞으로는 만경강이 흐르는 배산임수의 마을이다. 산의 형상이 소가 누워 있는 모습이어서 우형산이라 부른다. 마을에는 이방간의 넷째 아들인 금산군의 묘역, 서당이 있었다는 서당리, 소 그림자 늪이라는 우영소, 국상을 당하면 왕이 있는 북쪽을 보고 울었다는 망곡제, 물방앗간이 있었다고 전해지는 물방아거리, 뒤에 강이 있어서 붙은 이름 뒷갱변, 1932년 구만제 방을 쌓으면서 새로 생긴 새보뜰, 터진내 등 지명이 있다.

망우당의 막내아들인 금산군 묘역

원구만 마을에서는 정월 대보름이 되면 망곡제에서 달집을 태우며 마을의 안녕과 풍년을 기원했으며 마을에 안 좋은 일이 생기면 연에 사연을 써서 하늘로 올려보냈다. 현재는 조상 대대로 전해지는 이야기와 마을의 자원을 활용하여 연날리기 체험 마을로 운영하고 있다.

원구만마을 경로당 앞 밭에는 회안간이학교가 있었다. 1930년대에 잠깐 있었던 간이학교는 학교까지의 거리가 멀거나 학교가 없는 마을에 임시로 세워지며 보통 2년제이다. 간이학교 졸업 후 정규학교로 전학을 가기도 하지만 형편이 어려우면 졸업과 함께 학업을 마쳤다.

회안간이학교는 1936년 이정구 씨와 최충호 씨가 신축기성회를 조직하고 마을 사람들이 성금을 모아 교실과 관사, 운동장을 마련하였다. 1939년 첫 졸업생을 배출하였고, 1949년 폐교되어 학생들은 현 용봉초등학교로 전학을 갔다. 용봉초등학교는 회안간이학교와 용진면 운곡리에

원구만마을의 가을. 원구만마을은 1400년 2차왕자의난 때 이방원에게 패한 회안대군 이방간이 유배되었던 천내마을이다.

있던 간이학교가 합쳐서 개교하였다. 용진의 '용'자와 봉동의 '봉'자를 따서 용봉초등학교가 되었다.

회안대군 이방간

회안대군 이방간은 조선 태조 이성계의 넷째 아들로 조선을 건국하는데 동생인 이방원과 함께 큰 공을 세운다. 하지만 아버지 이성계가 아무공이 없던 어린 동생을 세자로 책봉하자 방원과 손을 잡고 이복동생들과 그들을 지지하던 정도전 등의 공신들을 제거한다. 이후 이방원이 자신을 제거하고 왕위에 오르기 위해 준비 중이라는 이야기를 듣고 당하기 전에 먼저 쳐야 한다는 박포의 꾐에 빠져 이방원을 치려 하지만 오히려 패하여 목숨을 겨우 부지한다.

왕자의 난 이후 대신들은 왕권의 안정을 위하여 그를 죽여야 한다고 건의하지만, 태종 이방원은 죽음 대신 귀양을 보낸다. 처남은 물론 사돈까지도 왕권의 안정을 위해 서슴없이 죽였던 이방원이 끝까지 형을 죽이지 못한 것은 이미 어린 두 동생을 죽였는데 형까지 죽였다는 비난이 두려워 살려두었는지도 모른다.

토산, 아산, 순천, 익주(익산), 전주, 홍주, 서산 등지에서 유배생활을 하던 이방간은 봉동 천내마을에서 여생을 보냈다. 태종 8년(1408) 5월 24일 태조 이성계가 사망했을 때도 죄인이라 장례조차 참여하지 못했다.

이방간은 1420년 조카 세종의 부름을 받는다. "천은이 망극하오나 잔명(남은 인생)을 부성(전주)에서 보내고자 합니다."라며 사양을 하지만 청이 받아들여지지 않아 부득이 서울로 올라가던 중 은진(恩津)에서 파란만장한 일생을 마쳤다.

이방간의 후손들은 왕족임에도 불구하고 왕실 족보인《선원록》에 오르지 못했고 왕족으로 누릴 수 있었던 혜택을 전혀 받지 못하고, 평민 신분으로 세금납부와 군역을 져야 했다. 후손들이 여러 차례 상소를 올렸지만 받아들여지지 않다가 1680년 숙종 때에 이르러서야 왕실족보에 이름을 올릴 수 있었다.

이방간과 이헌구, 서선을 모신 봉강서원

서원은 조선시대의 사립학교로 두 가지 기능을 가지고 있다. 하나는 사당에 위인을 모시고 제사하는 것이고 다른 하나는 청소년을 모아 교육하는 것이다. 조선시대의 교육은 공부를 잘하는 것 못지않게 훌륭한 인성을 갖추는 것을 중요하게 여겼다. 그래서 교육과 함께 본받을 위인을 모시고 그분들의 인품을 배우려고 했다. 봉강서원에는 태조 이성계의 넷째 아들인 이방간을 주벽에, 이헌구와 서선을 좌우벽에 모셨다.

혜화당 서선(徐選, 1367~1433년)은 조선 전기의 문신으로 본관은 이천(利川). 자는 대숙(大叔)· 언부(彦夫)이다. 그는 마음가짐이 굳세고 자신이 맡은 관직에 부지런하며 정성스러웠다. 1393년 사마시에 합격하고, 1396년에 문과에 급제하였다. 경기도·경상도·전라도 등의 관찰사와 형조·예조·이조의 참판 등을 지내고, 1427년 형조판서에 올랐으며 죽은 뒤에는 우의정에 추증되었다. 서달이 봉강서원에 배향된 이유는 태종에게 "회안대군을 해치지 말아달라"고 간언하였기 때문이다. 서선의 의리에 대한 회안대군의 보은이다.

서선은 조선의 신분제를 공고하게 한 '서얼금고법(庶孽禁錮法)'을 제안한 사람이다.《경국대전》에 기록된 서얼금고법으로 인해 서얼은 아무리 똑똑하고 유능해도 관리로 임명할 수 없었다. 국법으로 서얼을 차별한 것이다. 서얼은 서자와 얼자를 함께 이르는 말로 서자는 양민 첩에게서 낳은 아들이고, 얼자는 천민 첩에게서 나온 아들이다. 적서 차별법은 1415년 처음 시행되었고 1894년 갑오개혁으로 폐지되었다.

국간 이헌구(李憲球, 1784~1858년)는 조선 후기 문신으로 본관은 전주(全州), 자는 치서(稚瑞), 호는 국간(菊幹)이다. 순조 16년(1816) 식년문과에 병과로 급제해, 1829년 통정대부에 오른 뒤 성균관대사성· 이조참의·이조참판·전라도관찰사·한성부판윤·공조판서·대사헌형조판서·예조판서를 역임했고, 평안도 관찰사로 파견되어 의주를 비롯한 여러 산성에 군량을 비축하도록 하였으며, 별무시를 실시하였다.

철종 3년(1852), 우의정에 올랐다 바로 좌의정에 제수되었다. 70세에 나라로부터 궤장을 수여받고 기로소에 들어갔으며 종묘 철종 묘정(廟廷)

에 배향하였다. 양주 조두순(趙斗淳)이 지은 묘표와 충간공 국헌 이선생 묘표가 〈봉강서원지〉에 있는데 글씨는 김좌근(金左根)이 썼다.

이병구가 편찬한 《망우당 행장》

봉강서원에는 《망우당 행장》이라는 책이 전해지고 있다. 《망우당 행장》은 1855년 이병규가 편찬한 책으로 '행장'이라는 책의 제목만 본다면 망우당의 행적을 정리한 책으로 생각할 수 있다. 그러나 실제 이 책에는 망우당의 선조와 후손들까지도 기록되어 있다. 아마도 망우당과 그의 후손들의 삶을 정리하여 다음 세대를 교훈하기 위해 만든 것으로 보이며, 이병규가 개인 재산을 털어 금속활자로 찍었다.

《망우당 행장》은 회안대군과 그의 집안을 이해할 수 있는 중요한 자료이며, 국내에 남아 있는 유일한 책일 수 있다는 점에서 가치가 있다. 이를 인정받아 2018년 《망우당 행장》은 완주군 향토 문화재로 지정되었다.

망우당은 왕위계승 서열 1위의 왕자였지만, 왕위 다툼에서 밀려나 평생 임금의 보위를 위협하는 존재가 되었다. 망우당은 1413년 태종의 사위, 심종에게 개인적으로 생강을 선물했다. 3년 후, 신하들은 심종이 생강을 선물 받고 조정에 보고하지 않았다고 처벌해야 한다는 요청이 쇄도하였다. 《조선왕조실록》에는 이방간과 심종이 사통(私通)하였으니 벌을 내려야 한다고 주장하고 있지만 구체적으로 어떤 죄인지는 언급이 없다. 신하들에게나 임금에게나 망우당이 살아있는 것이 부담이었다.

망우당의 마음이 어떠하였을지 그 누가 짐작하겠는가? 자손들 역시 왕족이지만 평민의 삶을 살아야 했다. 왕위 다툼에서 밀려난 비운의 왕자를 만나는 길은 그의 마음을 아는지 모르는지 아름답기만 하다.

구미리 은행나무가 들려주는 생명 이야기

끈으로 연결된 나무와 마을

김 성 주

구미리는 본래 전주군 봉상면에 속한 지역이었다. 1914년 행정구역 통폐합 때문에 정동리, 봉계리, 중리와 점리, 서두리, 신화리의 각 일부와 우동면의 주동리 일부를 병합하여, 이름을 '구미리'라 하고 봉동면에 편입한다. 구미리는 한자로 표기할 때 구미(龜尾)[1]로 썼는데 뒷산이 거북이 꼬리 같아서 생긴 이름이다.

구미리는 정감록에 천 년의 도읍지로 기록될 만큼 산과 물과 평야가 이곳을 감싸고 있어 누구나 탐낼 수 있는 명당자리이다. 완주의 운장산, 대둔산, 모악산 산지가 솟아 있는 모습과 함께 노령산맥이 병풍처럼 휘감고 있어 산과 물과 평야가 어우러져 빼어난 경치를 품고 있는 지역이다. 마을 부분 명칭으로 백정이라는 지명이 있다. 현재는 이곳 백정 터에는 구호서원이 자리하고 있다.

---

1) 《1872년 지방지도》에 봉상면에 속한 구미리(龜尾里)를 찾을 수 있으며, 《구한말지형도》에도 '구미리(龜尾里)'라고 표기되어 있다. 마을의 뒷산이 거북의 꼬리와 같아서 붙은 이름이다. [출처] 한국학중앙연구원 - 향토문화전자대전

끈으로 연결된 나무와 마을

구호서원 앞에 있는 은행나무는 마을을 지키는 수호신처럼 지금도 늠름한 모습으로 그 푸르름을 자랑한다. 만경강지킴이 손안나 회장으로부터 '나무가 들려주는 나무 이야기' 사진전을 계획하고 있는데, 오랫동안 지켜보며 찍은 사진을 출품해 달라는 부탁을 받았다.

일주일에 한 번, 월요일 10시를 기준으로 구미리 구호서원 앞에 있는 은행나무를 만나 이곳저곳 살피며 사진을 찍었다. 나는 사진 찍는 걸 좋아하지만 작가들처럼 재주가 있는 것도 아니다. 가지고 있는 카메라와 스마트폰으로 사진을 찍었는데, 매주 같은 시간에 사진을 찍으려고 노력하였다. 이런 계기가 없었다면 아마도 나는 구미리 은행나무를 슬쩍 보고 지나갔을 것이다. 하지만 나에게 끈이 생겼다.

운전하고 가다가 신호등 앞에 서게 되면 나의 시선은 신호등을 향하게 된다. 신호등과 나는 연결된다. 딴짓하다가 빨강신호등을 바라보는 내 눈은 초록신호등으로 바뀌는 순간까지 보이지 않는 끈으로 연결된다. 봄부터 가을이 되기까지 내 마음의 끈은 구호서원과 은행나무에 연결돼 있었다. 평범하게 느꼈던 나무가 시간이 지날수록 살아서 나에게 다가왔다. 마을은 역사적 현장으로 다가오고, 서 있는 은행나무는 현장을 지키는 파수꾼처럼 느껴졌다.

어느 날 은행나무는 나에게 "무엇이 보이냐?"고 묻는다. 그래서 나는 흐르는 물과 농사짓는 논과 밭 그리고 사람 사는 마을이 보인다고 했더니, "눈과 귀를 열어봐!" 한다. 눈을 열고, 귀를 열어 바라보니 마음에 전해오는 소리가 있었다. 서 있는 땅과 마을은 '살아 온 자리', '의지하며 사는 마을', '함께 살아가는 세상'으로 다가왔다. 앞에 보이는 땅은 살아 온

구미리 은행나무

자리요, 마을 사람들은 서로 의지하며 살아가는 이야기가 있는 현장인 것을 알았다. 모내기하고, 고추 심고, 고춧대 세우고, 마늘을 캔다. 거뭇거뭇한 대간선수로 둑에 들깨 모종을 심는 농부의 바쁜 손놀림이 있다.

구호서원 앞에는 가시 돋친 엉겅퀴, 우글쭈글 곰보배추, 튀김 재료 참죽나무, 꽃자주 빛 박태기나무, 떡과 차와 술 그리고 건축 기둥으로 쓰는 소나무가 자리를 지키고 있다. 물길 건너편에는 비닐하우스 농사짓는 농부들의 모습이 보인다.

구호서원 뒤에는 구미리를 지키며 살아왔던 옛 어르신들이 누워 있는 반남박씨 무덤들이 자리하고 있다. 무덤과 함께 세월의 흔적이 묻어 있는 소나무 숲에서 솔바람 소리가 좋다. 그 바람결에 지칭개는 벌써 씨앗을 만들어 날려보내는 중이다. 지칭개 씨앗 날아가는 있는 호사스런 봄날이 좋다.

　조심스레 묘지 옆을 지나며 꽃들과 눈인사를 한다. 졸참나무 연한 잎으로 눈을 밝히고, 대간선수로가 내려다보이는 묘지 앞에서 멀리 봉동 장기리를 바라보며 멍에방천과 봉동씨름의 현장을 생각해 본다.

거북이 알이 마을을 지킨다

　대둔산 쪽에서 시작된 물줄기가 경천을 지나고, 운장산과 연석산, 운암산과 대부산에서 시작된 물줄기가 동상에서 고산으로, 세심정 앞에서 합수되어 봉동으로 휘몰아쳐 내려오다 앞대산을 만나 물줄기가 꺾이며 달려드니 일대는 물바다가 되었다. 그 자리에 둑을 세웠는데, 이를 멍에방천이라 한다. 휘몰아쳐 내려오는 물줄기를 막기 위해 둑을 쌓아놓은 모습이 멍에처럼 휘어져 그렇게 불렀다. 이곳은 멍에방천이 무너지지 않도록 장마철이면 함께 모여 밤늦게까지 횟불을 밝히고, 애기씨름, 봉동(오른)씨름 축제를 통해 둑을 지켰던 '한 많은 봉동 사람들'의 이야기가 서려 있는 자리이다.

　역사라는 엄청난 소용돌이 앞에서 홍계희가 바라보았을 만경강 물줄기는 지금도 계속되고 있다. 촛불처럼 흔들리는 조선의 국운을 생각하며 전봉준 장군과 김개남 장군이 바라보았을 아름다운 냇가는 사라졌다. 그 자리엔 대간선수로를 통해 많은 물이 어우보에서 군산 옥구저수지까지 흐르고 있다.

　대간선수로의 기본 골격인 우산천이 마을 앞을 지나는데 마을 어르신들은 우산천에 있는 동글동글한 자갈을 거북이알이라고 생각한다. 이 거북이알이 마을을 지켜준다고 믿고 있다.

1980년대 대간선수로 정비와 경지정리가 이루어지며 거북알들은 제방 아래 묻혔다. 늘 보던 거북알들이 보이지 않게 되자 동네 어르신들은 당시 전북농조에 민원을 제기하여 당장 거북알을 찾아내라고 불호령을 내렸다. 당시 사업 책임자였던 홍순희 선생은 며칠이나 고심한 끝에 거북알은 제방 아래 묻혀 있고 마을을 떠난 것이 아니니 마을에는 이변이 없을 것이라 겨우 설득하였다고 한다.

묘지 옆에는 앙증맞은 산해박꽃과 금가루 뿌려놓은 것 같은 솔나물꽃이 예쁘게 피어 있다. 묘지가 조성된 낮은 산에는 봄을 맞아 할미꽃과 조개나물, 애기수영, 개망초, 지칭개, 띠, 하얗게 흐드러지게 피는 노린재나무까지 꽃으로 불을 밝히고 있다. 여름에는 애기똥풀, 닭의장풀, 명아주가 자리를 지키며 서 있다. 어느새 은행나무 사이에서 자리공이 자라 꽃을 피우고 있다.

벼는 쑥쑥 자라 짙은 초록으로 논을 덮고, 물길에는 개구리밥이 자리를 차지하고 있다. 주변에는 한련초가 꽃을 피우고, 괭이밥은 노랗게 꽃 피우며 열매 맺기를 반복하고 있다. 햇살을 좋아하는 쇠비름은 대낮이 가까우면 꽃을 피운다. 댕댕이넝쿨 사이로 노린재가 나를 주시하고 있다. 함부로 여기에 들어오지 말라는 듯이 말이다. 황금 빛 꾀꼬리가 자신의 영역이라며 소리를 질러댄다. 그들의 영역에 들어가려면 준비운동이 필요한데, 그건 조심스럽게 신호를 보내고, 난삽하게 걷지 말아야 한다.

구호서원 은행나무

구호서원 앞 은행나무는 심은 지 390년쯤 되었다고 하니 구호서원을 세울 때 심은 것으로 추정된다. 하지만 년 수를 계산해 보니 구호서원을

구호서원과 은행나무

세울 때 이미 100년이 넘은 은행나무가 자리하고 있었다고 볼 수 있다. 100년 넘은 은행나무가 있는 곳에 영조(1730년) 때 세운 구호서원은 정조(1777년) 때 없어졌지만 은행나무는 베어버리지 못한 모양이다.

　은행나무는 신생대 에오세 시대에 번성했던 식물이다. 2억 7천만 년 전의 화석으로 발견되었다. 은행나무문에서 유일하게 현존하는 식물이다. 경기도 용문사에 있는 은행나무를 찾아간 적이 있다. 1,000~1,500년으로 추정되는 은행나무다. 한강 물줄기가 합해지는 양수리가 내려다 보이는 가까운 곳에 있다.

　용문사 은행나무 아래 서보니 그 세월의 흔적 앞에 나는 한없이 작아졌다. 오랜 세월 뿌리박고 당차게 서 있는 모습은 지구를 지키는 할아버지가 한강 물이 흐르는 것을 조율하고 있는 것 같은 느낌을 지울 수 없었다. 이명박 정권이 토건 세력과 손잡고 4대강 내장을 들어내듯 파헤쳐 만신창이로 만든 공사를 강행했다.

4대강 공사로 인하여 친환경 농사를 짓고 있는 농민들은 삶의 터전을 빼앗기게 될 형편이었다. 이를 안타까워하며 농민들과 함께 파헤쳐지는 한강, 4대강 공사 현장을 함께 걸으며 똑똑히 지켜보았을 때 은행나무를 만났다.

은행나무는 중국 저장성 일대를 자생지로 보고 있다. 우리가 보고 있는 은행나무들은 인간의 손길에 의해 심어진 나무들이다. 한반도 북부와 해발 500M 이상에서는 자라지 않는다. 불교와 유교가 전해지며 들어온 은행나무는 사찰과 지역에서 뿌리내려 고목으로 자라고 있다. 서울을 상징하는 나무로 지정되어 있을 정도로 우리 주변에서 흔히 만날 수 있다.

한방에서는 기침과 천식에 약으로 쓰이고 있다. 열매가 살구와 비슷하여 '은행(銀杏, 은빛 살구)'이라 부른다. 공손수(公孫樹)라 불리는데 이유는 심고서 30년을 기다려야 열매 맺기 시작하기 때문이다.

은행나무 약효를 알아본 독일에서 1965년에 추출액을 등록하고 상업화하였다.[2] 잎에서 징코플라본글리코사이드를 추출하여 혈액순환개선제로 쓰인다. 씨에는 가열해도 독성이 파괴되지 않는 MPN이라는 성분이 있는데, 많이 먹으면 치명적인 결과를 초래할 수 있으니 조심한다.

은행나무는 침엽수로 알려져 있다. 겉씨식물이니 침엽수이고, 은행나무 잎맥이 두 갈래씩 갈라져 이것은 서로 붙은 것이라고 하면서 침엽수라

---

2) 네이버 백과사전

은행나무 밑에서 자라는 새싹

했을 때 손뼉을 쳤다. 하지만 경향신문에 기고했던 이유미 국립수목원장 글에는 '침엽수'란 주제로 국제 심포지엄을 열었는데 기조 강연으로 발제를 했던 영국 큐(Kew)왕립식물원의 침엽수 최고 대가는 "은행나무는 침엽수가 아니다"라고 했다고 밝히고 있다.

침엽수들은 오랜 세월 동안 다양하게 변했지만, 유전분석을 하면 침엽수만의 DNA가 있는데 은행나무에서는 정충(精蟲)이 발견되는 등의 다른 특징을 가지고 있어서 침엽수가 아니라고 했다. 은행나무는 활엽수다.

나무는 사람과 연결된다. 특별히 오래된 나무는 지역의 역사와 공동체 문화를 포함하고 있다. 봉동 구미리에는 오래된 은행나무가 있다. 은행나무 앞으로 만경강과 이어진 대간선수로가 지나가고 있다. 봉동과 삼례의 중간 지점에 자리 잡고 있는 구미리는 조선시대 영조, 사도세자, 정조 시대를 지나오며 조선정치의 중심에 섰던 경세치용의 실천주의자 홍계희 가문이 살았던 마을이다. 또 동학농민혁명의 지도자 전봉준 장군과 김개남 장군이 동학농민군 2차 삼례봉기를 앞두고 뜻을 모았던 곳이 구미리이다.

구미리 은행나무가 들려주는 동학 이야기

한울북 울리며 일어선 전봉준

김 성 주

동학농민혁명 봉기의 중심, 전봉준 장군

'붉은 노을 한울에 퍼져 핍박에 설움이 받쳐 보국안민 기치가 높이 솟았
다 한울 북 울리며 흙 묻은 팔뚝엔 불어진 핏줄 황토 벌판에 모여선 그날
유도 불도 누천년에 운이 다했다 농민들의 흐느낌이다

저 흰 산 위엔 대나무 숲을 이루고 봉황대엔 달이 비춘다 검은 해가 비로
소 빛을 내던 날 황토현의 횃불이 탄다 하늘 아래 들판의 산 위에 가슴마다
타는 분노는 무엇이었나 갑오년의 핏발 어린 외침은 우리 동학 농민피다.[1]

녹두장군 전봉준은 유년기 조부와 함께 구미리에 살았다. 또한 김개남
장군과 함께 동학농민혁명 2차 봉기 계획을 구미리에서 세운다. 전봉준
은 1855년 12월 3일생으로 1865년 10살 때, 아버지 전창혁을 따라 정읍
산외면 동곡리 하지금실로 이사했다.

---

1) 동학농민가 가사

김개남(당시 김기선)은 당시 12살 때로 산외면 동곡리 상지금실에서 태어났다. 두 사람은 전창혁 훈장의 학동으로 같이 배웠고, 의형제처럼 친하게 지냈다고 한다. 4년 후 전봉준이 14세, 김개남이 16세 때에 전봉준은 아버지를 따라 전주로 이사를 했다.[2] 전주로 이사했던 곳이 완주군 봉동읍 구미리[3]이다. 여기서 살다가 삼례 동곡리와 태인을 거쳐 마지막으로 이사한 곳이 고부 조소리이다.

김개남과 전봉준은 태인현 지금실에서 전봉준 아버지 전창혁 서당의 같은 학동이다. 전창혁은 외아들인 전봉준을 위해 두 살 위인 김개남과 의형제를 맺어 주었다. 김개남은 19세에 결혼했으나 곧 상처하고 임실의 전주이씨와 재혼한다. 김개남은 결혼하기 전부터 임실에서 서당 훈장을 했는데, 결혼 후에도 얼마간 계속 훈장을 했다. 두 사람은 이후 전주부 봉동면 구미리에서 훈장을 했다. 이 시기에 김개남과 전봉준은 김시풍 전 전주감영장을 만나 사귄다. 김시풍은 김개남과 같은 도강김씨로 아저씨뻘이다. 이러한 인연으로 김개남이 전봉준의 큰딸, 전옥례의 중매를 하게 된다.[4]

구미리 은행나무에서는 동학농민혁명 전봉준 장군과 김개남 장군의 숨결이 느껴진다. 2차 동학농민군의 봉기를 앞두고 전봉준 장군과 김개남 장군은 머리를 맞대고 앉았다. 은행나무 아래에서 막걸리 한 사발을 들이켜며 "다시 동학농민군의 깃발을 들면 농민군들이 모일 수 있을까?", "바로 옆 삼례 사람들은 다 모이기로 했는데, 다른 곳에서 출발한 이들은

2) 출처-다시쓰는 동학농민혁명사
3) 출처-정읍역사문화연구소
4) 출처-김개남과 동학농민전쟁

제날짜에 맞춰 도착할 수 있을까?" 이제 목숨을 걸고 싸워야 할 때라고 결단하고, 이를 실행하는 결의를 다지며 의기를 투합했던 곳이 바로 구미리 은행나무 주변이라고 잠깐 상상해 본다.

전봉준 장군

의형제 전봉준, 김개남 장군은 구호서원 뒤 낮은 산에 올라 봉동과 삼례를 굽어보며, 어린 시절 함께 공부하며 자랐던 때를 떠올렸을 것이다. 나라에 대한 염려와 농민들의 아픔을 가슴에 품고 두 장군은 뜨겁게 불타올랐을 것이다. 동학농민군 2차 봉기 작전과 농민군의 구성에 대한 구체적인 대안을 모색했다고 볼 수 있다.

왜 구미리였을까? 전봉준이 유년기 조부와 함께 살았던 익숙한 곳이었기에 가능했다고 본다. 전봉준, 김개남 장군은 노랗게 물들어가는 구호서원 은행나무처럼 동학농민군 깃발로 삼례와 봉동의 뜰을 물들게 했다.

역사적인 순간순간마다 함께한 은행나무

구미리 은행나무와 만남이 좋았다. 싹 나기 전부터 물들기 전까지 찾아가는 발길이 행복했다. 은행나무 큰 가지 사이에서 풀들이 자라고 있다. 하늘 위에 하늘이 있는 꽃을 피운다는 달개비, 그 뒤에 자리 잡고 열매까지 맺은 자리공, 부모님께 장수 지팡이 만들어 주는 명아주, 농민들이 귀찮은 풀로 얘기하는 바랭이까지 나무다리 사이에서 자라고 있다. 나무 가

랑이 사이에서 자라는 풀들은 봉동 멍에방천을 바라보고, 구미리 대간선
수로 물길 따라 마을과 사람, 문화와 삶을 품어가고 있다.

390년 된 은행나무 밑에는 어린나무들이 자라고 있다. '처음으로 땅을
밟는 새싹처럼' 조심스럽게 싹을 키워가고 있다. 자식들이 자라고 있는
예쁜 모습이 그 안에 담겨 있다. 씨앗에 들어 있던 한 그루 나무가 자라기
시작하여 어른 은행나무를 바라보고 있다. 생명의 경이로움과 구미리를
통해 전해지는 역사적인 순간들을 만날 수 있어 뿌듯하다.

조심스럽게 사진을 촬영하다가 어린
은행나무가 주변 사람들의 지나친 관
심으로 싹이 말라 시들어 있는 것을 발
견하였다. 그 이유는 주변을 깨끗이 하
려는 욕심으로 제초제를 뿌렸기 때문
이다. 곁순으로 자라는 새싹은 모두 뜯
겨져 있었다. 편리와 관리라는 이름으
로 습관처럼 해왔던 일이다. 뜯기고 뜯
긴 자리에는 커다란 혹이 생겨 있었다.

구호서원 은행나무에 생긴 나무혹

그 혹은 인간의 욕심이 만들어낸 욕심보처럼 보였다. 인간의 욕심보가
나무에서 점점 커지고 있다. 은행나무 옆에 앉은 할아버지, 할머니는 여
기저기 몸이 아파 수술을 했다며 더는 힘들어서 일을 못하겠다고 한다.
하지만 오늘도 밭으로 발길을 옮기더니 고추를 심기 시작한다.

일제 수탈의 역사를 알려주는 대간선수로

구미리 마을 동쪽에 자리 잡은 은행나무는 일제시대 민족의 먹거리 수

탈 현장인 호남평야와 만경강 대간선수로(大幹線水路) 이야기와 만나고 있다. 대간선수로는 전북 완주군 고산면 어우리에서 시작해서 군산 옥구 저수지까지 이어진 수로이다. 호남평야를 흐르는 만경강, 동진강 본류는 감조하천(感潮河川)이기 때문에 농업용수로 사용할 수 없었다. 그래서 대규모 저수시설인 벽골제, 눌제, 요고제는 지류에 축조된다. 하지만 대규모 저수시설마저 조선 시대 이후 훼손되어 농업용수는 소규모 저수지가 공급하였다.

만경강에서 농업용수의 취수가 가능한 구역은 완주군 삼례읍 비비정 부근이었다. 조선 시대인 1661년(현종 2)에 전북 완주군 삼례읍 부근에 제방을 축조한다. 또한 18세기에는 궁방(弓房)에서 자금과 기술을 감당하고, 지역 사람들은 노동력을 통해서 '독주항(獨走項)'을 만든다. 독주항은 수로의 길이 약 20여㎞, 간선, 3개의 지선으로 구성되었고, 22개 주변 마을의 관개수리 시설이다.

이후 1910년대 대규모 수리조합이 결성되기 시작하면서, 안정적이고 풍부한 물 공급이 필요했다. 특히 1920년 4월부터 시작된 산미증산계획과 만경강 하류지역 대규모 간척사업으로 기존 저수지인 황등제, 미제, 선제나 지류인 탑천과 취수시설인 비비정 취수구에 한계를 느낀다. 결국 만경강 상류 지류인 고산천 상류에 대아댐(1923년)과 경천댐(1937년)을 축조하고, 본류인 만경강과는 다른 수로를 만들게 된다.

1923년 대아댐과 경천댐에서 고산천 자연하도를 이용, 어우보 취입구를 통해 봉동읍 구미리를 거쳐 구 비비정 수로인 독주항과 연결하고 군산 옥구까지 이어지는 65㎞에 달하는 인공수로인 대간선수로가 완성된다.

한편, 일제는 공업화로 인해 일본 내 식량부족으로 쌀값 상승이 이어

대간선수로

졌다. 이 문제를 조선 쌀 생산량을 늘려 해결하고자 하였다. 개간과 간척, 화학비료 사용을 통해 쌀 생산량을 늘리고, 수리시설을 늘린다는 명목으로 농민을 수리조합에 강제로 가입시켜 돈을 내게 하였다. 쌀 생산 목표량을 세우고, 미달하더라도 목표량만큼은 일본으로 반출이 이루어져 국내에는 식량 부족 현상이 심화되었다. 결국 조선 농민을 몰락하게 만드는 이유가 되었다.[5]

대간선수로를 통해 안정적인 물 공급 이후 호남평야에서 지어진 쌀은 어떻게 되었을까? 1909년 군산항에서는 조선 전체 미곡의 32.4%가 통관되고, 1933년 전국 쌀 생산의 53.4%가 일본으로 반출되었다. 당시 일본

5) 참고-하룻밤에 읽는 한국 근현대사

인들은 토지조사사업과 고리대금업으로 이자를 못 갚는 농민들의 토지를 몰수하는 방법으로 토지를 확보했다. 토지를 잃은 조선의 소작농들은 소작료로 생산량의 50~70%를 착취당했다.

일제강점기 쌀 수탈의 아픔을 간직하고 있는 호남평야는 우리 민족의 먹거리 창고였다. 일제는 만경강 80.86㎞, 대간선수로 65㎞, 생명의 물줄기로 호남평야를 적시고 농사를 짓게 하여 수탈한 쌀을 삼례역과 춘포역 등을 통해 철도로 군산항까지, 군산항에서 일본으로 배를 통해 수탈해 갔다. 우리 국토 한반도를 일제의 대륙진출의 야욕을 채우기 위한 전쟁을 준비하는 기지로, 식량을 공급하는 창고로 만들어 버린다. 식량은 수탈당하고, 토지는 빼앗기고, 국토는 유린당했다. 그 역사적 현장인 대간선수로가 봉동읍 구미리를 관통하고 있다.

대간선수로의 현장을 찾아 고산 어우보, 봉동 율소리, 구미리, 삼례 석전리와 독주항까지 걸어보는 도보여행을 해 보면 어떨까? 마을마다 자리하고 있는 나무와 마을 이야기를 엮은 길 위의 인문학 프로그램을 대간선수로와 연계하여 진행한다면 우리의 아픈 역사를 마음에 새기는 계기가 될 것이다.

균역법을 이끌어낸
경세치용 실천주의자 홍계희

김 성 주

구호서원(龜湖書院)은 하구미(下龜尾) 마을 안에 자리 잡고 있다. 조선 영조 6년(1730)에 세워졌다. 정조 1년(1777)에 화재로 소실되었다고 전해진다.

정조는 즉위하며 사도세자의 아들로 자기를 드러낸다. 대리청정에 반대했던 세력을 정리한다. 홍술해의 아들인 홍상범과 그의 어머니 효임 등이 왕이 책을 읽던 존현각에 자객을 보냈다가 발각된 정유역변으로 풍산 홍씨의 홍계희 계열이 숙청되었다.

홍계희가 살았던 구미리에 있던 구호서원은 당연히 정리의 대상이었다. 정조 1년에 난 화재로 소실되었다고 하지만 분노한 정조가 홍계희의 집과 뜻있는 젊은이들이 모여 공부할 수 있는 서원을 불태워버리는 일은 어느정도 상상할 수 있는 일이다. 다시는 홍씨 집안이 일어서지 못하도록 지형을 따져 기맥을 끊어버리기까지 하였다고 한다. 천년 도읍지로 알려진 봉동 구미리는 이렇게 해서 두 번 쳐다보기 싫은 동네로 낙인찍혀 버렸다.

구호서원 입덕문

균역법을 실행했던 개혁의 선봉장

구호서원 앞에 있는 구미리 은행나무는 조선 영조의 개혁의 선봉장이 되어 균역법을 시행했던 홍계희의 이야기를 담고 있다. 흔히 홍계희를 일컬어 경세치용의 실천주의자라고 한다. 경세치용이란 학문은 실생활에 도움을 줄 수 있는 것이어야 한다는 뜻에서 출발하였다.

농민의 토지제도가 농민들의 생활안정을 위한 제도로 개혁되어야 한다는 실학자들이 있었는데 이들을 경세치용학파라고 한다. 대표적인 경세치용학파에 거론되는 인물들은《반계수록》에서 균전론을 내세워 자영농 육성을 위한 토지제도의 개혁을 주장하였던 유형원과 자영농 육성을 위한 토지제도로 한전론을 주장하고,《성호사설》에서 나라를 좀먹는 폐단을 지적하기도 했던 이익, 토지를 공동 소유, 공동경작, 공동 분배하자는 여전론을 주장했던 정약용을 들 수 있다.

홍계희는 김제시 만경읍 몽산리에서 태어났다. '담와유고초'에 보면 "몽산이 맑고 깨끗한 기운을 머금고 있는데 홍계희가 태어난 해에 풀이 나지 않았다."고 기록되어 있다. 홍계희는 1725년(영조 1) 23세 때, 전주 향교에서 치르는 소과에 합격하여 진사가 되었다. 이후 영조의 탕평 정책을 일선에서 구현하였으며, 균역법을 제정하고 이를 시행하였고, 청계천 준설 등 실질적인 경세정책을 주관하였다. 또한 왕명으로《균역사실》, 《삼운성휘》,《경제지장》등 많은 서적을 편찬하였다.

특히 반계 유형원의《반계수록》에 심취해 이를 편찬하고, 이를 토대로 개방적이고 실용적인 정책을 실행하였다. 노론에 속해 있었지만, 당색이 다른 유형원의《반계수록》을 영조에게 추천했던 점에서 당파 이익보다 실용적이고, 개혁적인 정책을 추구했다고 볼 수 있다. 그는 다양한 분야의 학문에 관심을 가져 국가에 필수적인 경세서 간행과 음악, 세금, 건축, 예학, 역사, 음운, 상수, 의학 등 폭넓은 지식과 박학다식한 모습으로 현실성 있는 정책들을 추구했던 실용적인 인물이다.

1747년 일본에 통신사 정사, 1760년 중국에 연행사 정사로 다녀오면서 개방적이고 실용적인 학문에 접근하였다. 일본의 후쿠젠지에는 홍계희와 아들 홍경해가 남긴 글이 현판에 남겨져 있으며, 중국 심양관 기록화는 현종 탄생지를 찾는 중요한 자료이다.

1742년 북도별견어사로 있을 때 왕명을 받들어, 함경도 진휼정책을 살폈으며, 북부지역의 지도, 백두산 지역의 거리 등을 측량하여 작성했다. 이때 그 지방의 지형과 물정을 상세히 수록했던 지도를 작성하여 영조의 칭찬을 받게 된다.

1749년 충청도 관찰사 때 시무의 능력을 인정받아 다음 해 병조판서로 발탁되었다. 이때 조현명과 함께 균역법 제정을 주관해《균역사목》을 작성, 시행하게 된다. 1762년 경기도 관찰사로 있으면서 사도세자의 잘못을 고변해 결국 사도세자가 죽게 되는 계기를 마련했다.《정조실록》에는 임호화변의 불씨가 되었던 나경언의 고변 사건의 배후에 홍계희가 있다는 서유린의 상소 내용이 적혀 있다.

홍계희와 사도세자의 관계를 나타내는 일화 중에 사도세자가 앞에서 홍계희를 칭찬했다고 하인을 때려 죽였고, 사도세자는 홍계희를 불러서 가라고 했다가 다시 부르기를 9번이나 반복했다고 하니 사이가 좋지 않은 것으로 보인다. 서로 속으로 싸우고 있었을 것이다.

아들 홍술해가 황해도 관찰사로 재직하던 중 장전(臟錢), 조(租), 송목(松木)을 사취하였다고 하여 흑산도에 위리안치(圍籬安置)되었다. 손자 홍상범(洪相範)이 아버지의 치죄에 대한 불만으로 벽파(僻派)와 손잡고 정조를 시해하고 은전군(恩全君) 찬(禶)을 추대하는 역모를 꾀하였으나 중간에 발각되었다. 이에 손자들이 정조 시해미수사건에 연루되어 두 아들과 일가가 처형을 당하는 일까지 생겼고, 관직이 추탈되고 역안에 이름이 올랐다.

구미리에는 홍계희의 집터로 전해지는 곳이 있다. 마을에는 정조가 직접적으로 관여하여 파가저택(破家瀦宅)의 형벌과 함께 기가 흐르는 맥을 잘랐다는 이야기가 전해진다. 홍계희 자손들이 살았던 곳에서 번창하지 못하도록 거북이 꼬리를 잘라 마을이 성하지 못하도록 했다는 내용이 그것이다.

홍우전신도비

정교한 홍우전신도비

홍계희의 자손들이 구미리에 살게 된 것은 아버지가 완주로 와서 살게 되면서부터이다. 아버지 홍우전[1]은 조선 후기 문신으로 우암 송시열에게 수학했다. 농지재측량제도 폐지령과 지방에서 수송해서 가져온 징수한 쌀 두량(斗量)하는 부조리한 정책에 대해 건의했으며, 상민들의 양역(良役)을 변경할 것 건의했던 인물이다. 세자에게 글을 올려 노쇠한 무신들을 등용하지 말도록 청했고, 강연을 통해 유신들을 자주 접해 학덕과 공업에 대해 부지런히 공부하도록 요청했던 인물이다.

하지만 누이의 상을 외면했다는 것과 감사로서 수탈, 부정 축재가 심하

---

1) 참고-완주인물, 완주문화원

다는 내용으로 탄핵을 받아 삭직(削職)당했다. 이후 전주(고산과 봉동)에서 은거한다. 홍우전이 고산과 봉동에 정착하게 된 것은 숙부인 홍수진이 처가인 고산에서 살다가 1688년(숙종 14)에 44세로 일찍 죽은 후 홍수진의 부인 능성구씨의 상소로 홍우전을 양자로 삼으면서부터이다. 그의 별장으로 지어졌던 봉동 구미리 집은 이후 홍계희, 홍술해, 홍상범으로 이어지는 후손들의 근거지가 되었다.

특히 홍계희가 1766년(영조 42)에 건립하고 직접 쓴 홍우전신도비(고산면 서봉리 소농골)는 대표적인 홍계희 가문의 문화유적이다. 비신 200㎝, 폭과 두께가 70㎝ 거대한 비석, 안진경체 글자 수 3,700자, 정교함과 한치의 오차도 없는 수작이다.

벽진이씨 효임에 대한 전설

완주군 봉동읍 구미리에는 전설과 같은 이야기가 전해진다. 구미리에 살았던 홍술해의 부인 벽진이씨 효임에 대한 이야기다. 구미리 박찬경, 학현우 씨는 "옛날에 홍술해라는 사람의 아내가 살았는데, 시아버지 밥상을 차려놓고 축지법을 써서 한양에 날아서 다녀왔으며, 다녀올 때마다 임금님 궁궐의 기왓장을 한 장씩 뒤집어 놓고 왔다."라고 한다.

홍술해의 부인 효임이 아들 홍상범과 계략을 꾸미며 궁궐로 자객을 들여보냈고, 정조를 시해하려고 시도했던 엄청난 역모의 중심에 효임이라는 여인이 살던 완주군 구미리가 자리하고 있다. 효임의 남편 홍술해는 전라도 감사, 경주 부윤, 황해 감사에 올라 당시 세손인 정조가 즉위하는데 반대편에 섰던 인물이었다. 홍계희가 죽은 후에 그 자손들이 정조의 왕위등극에 반대하다가 결국 역적으로 몰려 멸문지화 되었다고 볼 수 있다.

홍계희는 현실을 중요하게 생각했던 시대의 인물이었다고 볼 수 있다. 중국과 일본을 오가며 배운 견문과 실학적 바탕을 둔 실질적인 실력을 겸비한 사람이었다. 백성들의 아픔을 해결하기 위해 균역법을 제정한 일로 대표되는 그의 치적은 호남평야에서 태어나 노령산맥의 기운으로 물비늘 일렁이는 만경강과 함께 민(民)의 불꽃으로 타올랐던 호남의 인물이다.

완주를 빛낸 영웅들

손 안 나

　정약용은 죽란시사(竹欄詩社)라는 모임을 주관하며, 연꽃이 필 때면 연
꽃잎이 열리는 소리를 듣기 위해 새벽에 연못에 배를 띄웠다고 한다. 우
리 조상들의 감수성이 예민한 것인지, 정약용이 낭만주의자인지는 모르
겠지만, 현대의 감성으로도 따라가지 못할 낭만이 연꽃에 담겨 있다.

　완주에서 연꽃을 볼 수 있는 곳은 송광사, 홍련암 그리고 우산정사이
다. 송광사와 홍련암에서는 붉은 연을 만날 수 있고 우산정사에서는 백련
을 만날 수 있다.

　우산정사는 우산에 있는 정사라는 뜻으로 정사는 재실의 역할뿐만 아
니라 문중 자녀들을 교육하는 서당의 역할도 함께 하던 곳이다. 이곳 우
산정사는 진천 송씨의 재실과 서당의 역할 뿐만 아니라 집안의 대소사를
논의하는 곳이기도 하다.

　우산정사에는 300년 된 삼정승 소나무와 용솔이 있어 지혜로운 삭녕
최씨의 이야기를 전해준다. 삭녕 최씨는 우산에 있는 유택과 신도비의 주
인공 송영구의 며느리이다.

송영구의 자부 삭녕 최씨

송영구의 며느리 삭녕 최씨는 남원이 친정이다. 삭녕 최씨는 세종대왕 때 한글 창제의 주역이었던 집현전 학사 최항의 후손이다. 삭녕 최씨는 진천 송씨 문중으로 시집 오면서 친정 아버지를 통해 변산 솔씨 씨앗을 받아 온다. 가지고 온 솔씨를 우산 일대에 뿌리고 가꾸었는데 현재 남아 있는 삼정승 소나무가 이때 자란 소나무이다.

삼정승 소나무는 한 뿌리에서 세 개의 가지가 나와 자랐기에 붙은 이름 이라는 설과 송씨 집안에 세 명의 정승이 배출되기를 바라는 소원을 담았 다는 설이 있다. 삼정승 소나무는 입향조인 송선문의 묘역 입구에 하늘을 향해 위풍당당하게 서 있어 한눈에 알아볼 수 있다.

삼정승 소나무

상처만 확대한 모습

삼정승 소나무 줄기에는 깊은 상처가 남아 있다. 일제강점기 전쟁 중 연료를 확보하기 위해 송진까지도 공출해 간 흔적이다. 나라에 힘이 없으니 미물인 소나무도 힘겨운 삶을 살아야 했음을 증명하고 있다.

우산정사 울타리 안에는 용이 하늘을 향해 날아오르는 듯한 모습의 소나무가 있다. 용솔 혹은 효자솔이라고 부르는데 소나무에서 용의 모습이 보여서 용솔이라 한다. 일제강점기 건축된 우산정사 재실에는 송영구의 초상화를 모시고 있다. 기특하게도 용솔은 집안의 어른을 모신 공간임을 아는지 건물의 처마보다는 더 높게 자라지 않는다. 그래서 효자솔이라고도 부른다.

효자솔이 집안의 어른 앞에서 고개를 빳빳하게 들지 않고 겸손하게 예를 갖추고 있다고 해석한다. 설마 진짜 소나무에 그런 깊은 뜻이 있기야 하겠나 싶지만, 이야기를 들으며 고개가 끄덕여지며 그 말에 동의가 되는 것은 스토리텔링의 힘이다. 수령이 약 300년 정도로 추정되는 이 용솔은 만나는 이들에게 어른을 공경하며 부모에 효도하라고 말없는 교훈을 주고 있다.

삭녕 최씨가 시집와서 가문에 남긴 유산 중에는 백자(百子)편이라는 떡이 있다. U자 모양의 떡을 둥글게 모은 후 위로 여러 겹 쌓아서 만드는데 자손이 번성하기를 바라는 마음을 담았다. 지금도 문중의 시제 때만들어

용솔

서 자손들이 나누어 먹는다. 진천 송씨 문중에서는 백중 다음날인 음력 7월 16일에 소쇄일(掃灑日)의 행사를 했다.

　송씨 문중의 소쇄일에는 집안사람들이 모두 모여서 청소하고 식사하였고, 인근의 선비들을 모아 백일장 대회를 열었다. 송씨 문중의 소쇄일에 백일장 대회에 참석하기 위해 여산, 왕궁, 삼례에 사는 선비들이 모여들어 왕궁으로 오는 길에는 흰옷 입은 선비들로 가득했다고 전한다.

제내리와 우주현

진천 송씨가 완주군 봉동 제내리에 자리를 잡게 된 이유는 진천 송씨의 입향조인 송선문이 제내리가 본향인 우주 황씨의 사위로 들어왔기 때문이다. 제내리는 방죽 안 마을을 한문으로 표기한 것이고, 제촌마을은 방죽마을, 방죽이 있는 마을이라는 뜻이다. 제내리는 과거 우주현의 중심지였다.

우주현은 백제 시대에 만들어진 우소저현(于召渚縣)으로 통일신라 시대에는 우주현(紆洲縣), 고려 시대에는 우주현(紆州縣)으로 명칭이 변경되었다가 1409년 이후 전주부에 편입되었다. 우(紆)는 '굽을 우'로 구부러지다, 두르다, 감돌다 등의 의미이고, 주(州)는 '고을 주'로 고을이라는 뜻이다. 따라서 우주(紆州)는 고을을 두르다, 혹은 고을을 품에 안고 있다고 해석할 수 있다.

봉동 테크노밸리 일반산업단지와 왕궁, 삼례 일부 지역이 우주현이었다. 고려 말까지 우주현은 전주부와 금마군 사이에 있었으며 치소는 익산IC 나가기 전 마지막 주유소에 있는 공항버스 승강장 주차장이거나, 왕궁면 동용리와 봉동읍 제내리 사이에 있는 학현산성으로 추측하고 있다.

조선 시대 우주현은 우북, 우서, 우동으로 분리되었고 쌀 창고인 '우주창(紆州倉)'만 남아 우주현의 명맥을 유지하였다. 이후 우동은 봉상과 통합되며 봉동이 되었고, 우북과 제석면은 왕궁으로, 우서는 오백조면과 함께 삼례가 되었다. 그나마 이름에 희미하게 남아 있던 흔적마저도 없어지면서 우주현이라는 이름은 사람들의 기억 속에서 사라지고 말았다.

송선문의 자손 중 명나라의 한림원 학사인 주지번(朱之蕃)과 교류한 송영구가 가장 널리 알려져 있다. 과거에는 한 지역이 현재는 봉동읍과 왕궁면으로 나뉘면서 송영구의 생가는 왕궁면에 유택은 봉동읍에 속하게 되었다.

장암마을 은행나무

송영구의 생가터에 남아 있는 망모당은 왕궁면 장중(場中)마을에 있다. 인구가 줄면서 마을이 축소되어 장암마을과 중리가 합해졌고, 장암의 '장'과 중리의 '중'자를 딴 장중마을이 되었다. 장중마을에는 주민들이 소중하게 생각하는 3개의 보물이 있는데 망모당과 장암 그리고 6백 년 된 은행나무이다.

주민들의 첫 번째 보물, 망모당은 아버지 상을 당한 송영구가 아버지를 그리워하며 우산을 바라보기 위하여 1605년 세웠다. '망모당'이란 편액

주지번이 쓴 망모당 원본 현판

은 중국 명나라의 명필 주지번의 글씨이다. 원본은 도난의 우려로 전주박물관에 보관 중이고 망모당 현판은 영인본이다. 주지번은 초굉(焦竑)· 황휘(黃輝)와 함께 명나라의 3대 문장가라고 선조실록에 기록되어 있다. 그중 가장 뛰어난 이가 주지번으로 알려져 있는데 명나라의 대문장가인 주지번과 조선에 살고 있던 송영구는 어떻게 만났을까? 송영구와 주지번의 만남에 관한 이야기는 송영구가 남긴 《표옹유고》에 남아 있다.

송영구는 1593년 성절사(聖節使)의 서장관으로 명나라에 사신으로 갔을 때 묵고 있는 여관에서 심부름하는 청년이 장자의 남화경을 외우는 소리를 들었다. 장자의 남화경은 사서삼경을 뗀 사람들이 읽는 매우 어려운 책으로 여관에서 심부름하는 하인이 읽기에는 너무나 어려운 책이었다. 이를 기이하게 여긴 송영구가 그 청년을 불러 연유를 물었다. 청년은 남월[1] 출신으로 과거시험을 보기 위해 북경에 왔지만, 노잣돈이 떨어져 여관에서 일하며 다음 과거를 준비하고 있다고 답했다.

어려운 남화경을 외우는 청년의 실력을 알아본 송영구는 청년에게 조선의 과거시험 답안지 작성법을 알려주고 가지고 있던 책과 돈을 주면서 꼭 과거시험에 붙으라고 격려하였다. 2년 뒤 과거시험에 급제한 청년은 한림원 학사로 이름을 떨치게 되는데 바로 주지번이다. 글 읽는 소리 하나로 사람의 됨됨이를 파악한 송영구의 안목이 놀랍다.

명나라를 대표하는 문장가 주지번은 만력제(萬曆帝)의 손자가 태어난 것을 알리기 위해 1606년 조선에 사신으로 온다. 아마도 자신에게 답안지 작성법을 알려주고 어려운 시절 용기를 주었던 송영구를 만나기 위해

---

1) 중국 남부와 베트남 북부 지역

사신을 자청했을지도 모르겠다. 주지번은 뇌물을 전혀 요구하지 않은 유일한 명나라의 사신으로 송영구처럼 청렴하였다고 한다.

조선에 온 주지번은 스승으로 여기고 사모하던 송영구를 만나고 싶었다. 사신으로서의 공무를 마친 주지번은 말 한 필과 길 안내를 해줄 하인 한 명만 거느리고 전주에 내려와 객사에 유숙한 후 다음날 송영구의 생가가 있던 왕궁을 찾았다. 그러나 송영구는 벼슬길에 나가 있어서 만나지 못하고 귀국한다.

이때 주지번은 전주의 객사에 '풍패지관'이라 쓴 현판을 남겼다. 풍패지관은 풍패에 있는 여관이라는 뜻으로, 풍패는 한나라 고조 유방의 고향이다. 주지번은 전주를 태조 이성계의 본향으로 인식하고 있었기에 풍패지관이라는 글을 전주 객사에 남긴 것으로 보인다. 송영구가 돌아가신 선친을 그리워하며 생가 후원에 지은 정자에 주지번은 스승을 그리워하는

망모당

마음을 담아 놓았다.

송영구와 주지번은 겨우 두 살 차이이지만 주지번은 송영구를 깍듯하게 스승으로 대우하였다. 최근에는 주지번이 송영구를 '심부(心父)'라고 불렀다는 주장도 제기되고 있다. 주지번은 전주 객사에 '풍패지관', 송영구 생가에 '망모당', 성균관에 '명륜당'이라는 현판을 남겼다.

장중마을의 두 번째 보물은 '장암(場巖)', 마당바위이다. 면 소재지에서 장중마을로 들어오는 입구 언덕에 커다란 바위가 있다. 커다란 바위는 범상치 않은 분위기를 뿜어내고 있다. 그러나 주민들은 이곳이 넓어 곡식을 널어 말리기도 하고, 마을 앞 왕궁천에서 물놀이하고 젖은 몸을 말리기도 했다고 입을 모아 이야기한다.

장암, 마당바위는 미륵산과 천호산의 기운이 응집된 곳으로 천하 명당이다. 장중마을의 안산은 봉동의 봉실산인데 마을에서 보면 문필봉이다. 마을에 문필봉이 있어서인지 많은 위인이 배출되었다.

장중마을의 세 번째 보물은 600년 된 은행나무이다. 은행나무는 마당바위 뒤쪽 대나무 숲에 있으며 우주황씨의 중시조인 문숙공이 심었다고 전해온다. 은행나무 줄기 속에 꾸지뽕나무와 대나무가 깃들어 살고 있어 주민들은 화합의 나무라 부른다. 어느 때인지 모르지만 꾸찌뽕 씨앗이 은행나무 빈 줄기에 내려앉아 자라났는지 언뜻 보면 한 나무처럼 보인다. 그런데 자세히 살펴보면 나뭇잎이 다른 것을 알 수 있다. 누군가가 설명해 주지 않는다면 그냥 은행나무려니 하고 넘어가기에 십상이다.

우주 황씨가 장중마을에 자리를 잡은 시기는 고려 중엽 의종(毅宗) 때로 중윤(中尹 : 고려 시대 향직의 품계) 황민보(旻甫)가 시조이다. 이때부터 우주현은 황씨들의 본향이 되었다. 중시조는 사가(四佳) 황거중(居中)

이치전적비

의병장 황박장군 추모비

으로 공조전서를 거쳐 호조판서를 지낸 후 장암에 낙향하였다. 시호는 문숙공으로 고려 말 우왕 때 이성계가 남원 운봉 전투에서 아지발도(阿只拔都)를 무찌를 때 종사관으로 참전한 개국공신이다. 그의 묘는 비봉면 내월리에 있다.

웅치에서 선봉장으로 이치에서 후군장으로 활약한 죽봉 황박 의병장은 황거중의 후손이다. 의병장 황박은 무과급제 후 전주 만호로 있었다. 1590년 부친상을 당했고 시묘살이 중에 임진왜란이 터졌다. 나라의 위기 앞에서 시묘살이를 청산하고 의병 500명을 모집하여 고향에 홀로되신 어머님과 부인, 어린 두 아들을 남겨두고 죽을 자리를 찾아 고향을 떠났다. 그의 나이 28살이었고, 3대 독자였다.

웅치의 선봉장 황박과 주력부대를 이끌던 황진은 부하들을 이끌고 이치의 권율 장군 휘하에 배치를 받았다. 이치의 선봉장은 동복(현 화순) 현감 황진이었고 후군장은 의병장 황박이었다.

《선조수정실록》 26권, 선조 25년 7월 1일 두 번째 기사에는 "적이 낭떠러지를 타고 기어오르자 황진이 나무를 의지하여 총탄을 막으며 활을 쏘았는데 쏘는 대로 맞지 않는 것이 없었다. 종일토록 교전하여 적병을 대파하였는데, 시체가 쌓이고 피가 흘러 초목(草木)까지 피비린내가 났다. 이날 황진이 탄환에 맞아 조금 사기가 저하되자 권율이 장사들을 독려하여 계속하게 하였기 때문에 이길 수 있었다. 왜적들이 조선의 3대 전투를 일컬을 때 이치(梨峙)의 전투를 첫째로 쳤다."라고 기록되어 있다.

전북대 하태규 교수는 "선군장 황진 장군이 이마에 적탄을 맞고 졸도하여 쓰러지자 왜적들이 포위하여 좁혀 왔다. 황박 장군은 이를 뚫고 들어가서 대적하다 8월 28일 전사하였다."라고 이야기한다.

고향에 계신 어머님께는 9월에야 3대 독자의 사망 소식이 전해졌다. 아들의 전사 소식을 듣고 어머니는 통곡하다 졸도하였고, 식음을 전폐하자 전라감사 김광혁이 선조에게 음식 하사를 건의하여 계사년(1593년)에 선조가 하사한 음식이 고향 집에 도착하였다.

의병장 황박의 시신은 수습되지 못하였고 고산면 어우리 샘골 우주 황씨(紆州黃氏) 전주파 종산에 '황박(黃璞)'의 제단(祭壇)이 있으며 김제시 용지면에 충신 황박 정려가 있다. 충무공 이순신이 "만약 호남이 없었다면 나라가 없었을 것이다(若無湖南 是無國家)"라는 말을 하였는데, 임진왜란 때 이치와 웅치에서 호남을 지킨 사람들은 이름 없이 죽어 간 전라도 의병들이다. 이 무명의 의병을 기념하는 비석이 이치에 있다. 이들의 희생을 기억할 때 완주의 정체성이 바로 설 것이다.

07 삼례

• 후와마을 느티나무가 들려주는 독립운동 이야기
삼례 소작쟁의

• 전와마을 팽나무가 들려주는 효자와 열녀 이야기
효열 정려비

• 용전마을 버드나무가 들려주는 하리 이야기
하리 사람들

후와마을 느티나무가 들려주는 독립운동 이야기

삼례 소작쟁의

손 안 나

가는 곳마다 이야기가 있는 곳, 삼례

삼례는 양파와 같은 도시이다. 작은 소읍이지만 가는 곳마다 이야기를 만날 수 있는 즐거운 곳이다. 삼례의 유래에 대해서는 만경강과 소양천, 전주천이 만나면서 커다란 강을 이룬다는 뜻의 '한내'에서 유래했다는 설과 전라 관찰사를 두 번이나 지낸 이서구가 삼례를 지나며 회안대군 방간이 유배생활을 했던 봉동을 향해 세 번 절했다는 데서 유래했다는 설이 있다. 그러나 삼례라는 지명은 《고려사절요》에 남아 있다.

고려의 현종은 거란의 침입을 피해 나주로 피난을 가면서 '삼례'에서 묵었다. 당시 전주는 이미 호남의 대표도시였지만 전주에 들어가지 않고 삼례에서 묵었던 이유를 후백제 세력이 아직 남아 있어 전주에 들어가면 위험하다는 신하들의 의견이 있었기 때문이라 적고 있다. 이처럼 삼례는 천년 전부터 교통의 중심지였다.

조선 시대 현대의 고속도로와 같은 역할을 하는 '삼남대로'와 지선 역할을 하는 '통영별로'가 삼례에서 분기하였다. 삼남대로는 경기도, 충청도, 전라도를 지난다고 하여 붙은 이름으로 한양에서 출발하여 제주도까지 이어진 도로로 한양에서 유배를 떠났던 송시열, 정약용, 김정희 등이 지났던 길이다.

통영별로는 삼례에서 분기하여 전주, 남원, 함양을 지나 통영으로 이어지는 길로 이순신 백의종군 길로 유명하다. 신경준은 저서인 《도로고》에서 '길은 그 길을 걸었던 사람들이 주인이다'라고 했다. 삼례를 지났던 이들의 이야기가 삼례의 자원임을 밝히는 근거이다.

교통의 요지 삼례는 매우 중요한 역사의 현장이기도 하다. 동학을 창시한 최제우가 억울한 죽임을 당하고 교도들은 교조인 최시형의 신원 회복을 희망하며 이곳 삼례에서 모였다. 전라감사의 거절로 실패하였지만, 서

삼례 만경강의 노을

울에서 복합상소를 올리는 계기를 만든 사건이다. 이후 녹두장군 전봉준이 '척양척왜', '제폭구민', '보국안민', '광제창생'을 외치며 일어섰던 곳이기도 하다.

동학농민혁명을 진압했던 일본인 미나미 고시로는 '삼례에는 동학농민군이 아닌 사람이 하나도 없다'라는 기록을 남겼다. 삼례 출신 동학농민군이 5천 명이라는 기록도 있어 당시 삼례는 동학이 매우 흥했던 지역임을 알 수 있다.

삼례가 교통의 요지였으며, 너른 들이 있어서 곡식이 풍부하고 10만 명이나 되는 많은 동학군이 모일 수 있는 공간이 있다는 것, 5천 명 이상의 동학교도가 있었다는 점을 생각한다면 삼례에 동학교도가 모이는 것은 당연한 귀결이었다.

동학농민혁명은 일본과 청나라 군대에 의해 진압되었고 삼례에는 가장을 잃은 집이 태반이었다. 동학농민혁명은 삼례에 큰 생채기를 남겼지만, 그 상처를 치유하지 못한 채 일제강점기를 살아내야만 했다. 동학농민혁명 실패 후, 일제강점기의 독립운동은 크게 무장투쟁, 실력양성, 소작쟁의로 전개된다.

1895년 역참이 폐쇄되고 1914년 11월 전주-삼례-이리를 잇는 경편열차가 운행을 시작하며 삼례역이 설치되었다. 경편열차는 미쓰비시(三菱) 동산농장의 농산물을 이리까지 운반하기 위해 건설된 협궤열차로 민간이 운영하는 사철이다. 1917년 경성-목포, 삼례-고산 사이의 도로가 만들어졌으며, 1921년 10월 13일 자 동아일보는 고산과 삼례 사이에 마차가 운행되어 학생들이 전주와 이리로 통학한다고 보도했다. 일제강점기에도 삼례는 교통의 중심이었다.

1910부터 1918년까지 토지조사사업을 벌인 조선총독부는 동양척식회사, 금융조합을 앞세워 조선 농민을 수탈한다. 땅을 빼앗긴 농민들은 소작농으로 전락하거나 고향을 등지고 도시로 나가 막노동을 하거나 만주 등으로 이민을 떠나야 했다. 삼례에는 백남신의 화성농장, 박기순 농장, 호소카와, 후지, 구마모토, 이엽사, 이등농장 등이 있었다.

구와리 후와마을

완주군 삼례읍 구와리는 오래된 와리라는 뜻이다. 지명이 와리인 경우는 보통 마을에 기와를 굽는 곳이 있었다. 그런데 구와리에서는 기와를 굽던 가마에 대한 기억이 있는 주민을 만날 수 없었다. 오래전 일이라 전승이 안 된 것인지 기와와는 전혀 관계가 없는 것인지는 불분명하다. 다만, 동네에 기와집이 많아 와리라고 불렸을 가능성이 있을 것으로 추정할 뿐이다. 구와리는 집성촌으로 후와에는 전주 이씨가, 전와와 유리에는 전주 류씨가 살고 있다. 사람은 '이씨'가 재산은 '류씨'가 낫다는 말이 있다.

후와는 뒤쪽에 있는 와리라는 뜻으로 수로가 마을을 지난다. 만경강 개수공사 전에는 뒷내라고 부르던 개울이다. 오래전 구와리와 하리는 만경강 가운데 있던 섬이었다. 앞에 흐르는 만경강을 앞내, 뒤에 흐르는 강을 뒷내라고 불렀다. 비가 많이 오면 홍수로 늘 피해를 보던 지역이었지만, 만경강의 직강화 공사로 강이 나뉘면서 뒷내는 둔내라고 불리는 현재의 인공수로가 되었다. 토관을 넣지 않은 마을 쪽 냇가는 왜가리를 비롯한 철새들이 먹이를 찾아 날아오고 있어 근처 학교 아이들에게는 좋은 생태교육장이 될 수 있다.

후와마을 중앙에는 오래된 낡은 정자가 있다. 괴정 이창신이 전주 이씨 집안과 마을의 아이들을 교육하던 서당이다. 이창신은 유학자였고 동생 이현신은 동학교도였다고 전해진다. 유학자 이창신은 우삼, 우복 형제를 두었고, 동학교도 이현신은 종갑, 우성 형제를 두었다. 한 집안에 정반대의 이념을 가진 두 형제가 있음이 당시의 시대상을 반영하고 있는 듯하다. 종갑, 우성 형제는 괴정 이창신에게 만갑, 판용, 순교 등 5촌 조카들과 함께 교육을 받았다. 유학자 이창신의 영향인지 혹은 동학교도 이현신의 영향인지는 모르지만, 이들은 일본의 지배에서 벗어나 독립을 이루어 다 같이 잘 사는 나라를 만들어야 한다고 생각하였다.

1947년 7월 6일 자 국제일보에 "와리는 농사에 종사하는 근로 인민들이 사는 마을이다. 왜정의 폭압 아래서 징용을 기피하였고 공출에 항거하여온 마을로 유명하다."라는 기사가 있어 와리 사람들이 일제강점기를 지나는 동안 독립운동을 치열하게 하였음을 알 수 있다.

삼례 소작쟁의와 이우성

곡창지대의 쌀에 눈독을 들인 일본인들은 호남평야에 모여들었고 춘포들, 삼례들, 만경들은 일인들의 차지가 되었다. 일인들은 생산한 쌀을 일본으로 가져가기 위해 교통의 요지 삼례에 기차역을 만들었다. 삼례역을 중심으로 노동자와 농민들의 고단한 삶이 이어졌다. 민중의 고단한 삶은 지식인들을 각성시켰고 노우회와 농우회가 만들어지고 활동할 수 있는 토양이 되었다. 지주들은 소작권을 무기로 소작인을 착취하였다. 한국인 마름들의 횡포는 말할 수도 없었다. 이 횡포에 대항하여 소작쟁의가 일어났다. 터무니없는 소작료 인상에 대한 항거였다. 일 년 내내 농사를 지어도 내 입은 고사하고 자식들 입에 쌀 한 톨조차 넣어 줄 수 없는 비참

이우성   이종갑

한 현실에 대한 항거였다. 중외일보 1930년 3월 21일 자에서 삼례 소작
쟁의와 관련 다음과 같은 기사를 내보냈다.

　　1930년 3월 초에 농장의 사음 강춘식과 육진홍은 마지기 당 두 말씩의
소작료 인상 계약서의 서명을 강요하였다. 계속되는 자연재해를 입은 소작
인들이 진정서에 서명하여 이리 본점에 제출하자 농장의 일본인 주임이 비
난하면서 수백 명의 소작권을 박탈하였다. 며칠 후 삼례 주재소는 삼례농
우회 간부 이종갑(이우섭), 이우성(이장군), 이판용(이언교), 수계리농회원
한사현, 한병섭을 조사하였다. 그리고 4월 14일 경찰이 와리에 출동하여
이용구, 한병태, 한병석을 소작계약서를 작성하러 출장 나온 농장직원을
폭행한 혐의로 검거했다. 다음날 3인을 석방하고 현장에서 이종갑, 이판
용, 이만갑(이만교)을 소작쟁의를 선동한 혐의로 심문하였다. 4월 16일에
우곤농장과 화성농장은 경찰을 대동하고 구와리에서 이용구, 이형길, 한병
태, 한병석, 한사현, 임곱불 등을 검거하여 구속하였다.

삼례 소작쟁의 기간 중 이만갑, 이판용은 소작관에게 진정서를 제출하였고 이순교는 소작인대표로 토지주와 협상하였다. 처음 소작쟁의는 단순히 소작료를 낮추기 위한 생존 투쟁이었다. 그러나 소작료 문제를 해결하기 위해서는 정치적인 독립이 있어야 함을 깨닫게 되었다. 농민투쟁이 정치투쟁으로 진화하게 되었다.

1930년대 소작쟁의는 조선인 지주에 대한 것은 많지 않고 1천 정보 이상의 일본인 대지주를 상대로 한 항일투쟁이었다. 결국 소작쟁의는 자연스럽게 독립운동으로 연결되었다. 삼례 구와리의 소작쟁의는 농우회와 농계가 중심이 되어 본격적인 농민조합으로 가는 과정을 보여준다는 면에서 대단히 중요한 사건이다.

소작쟁의를 주도한 이우성은 전주도립사범학교(현 전주교대) 출신으로 장수와 임피에서 교원으로 일하였다. 아마 임피에 있는 동안 옥구의 소작쟁의를 경험한 것이 삼례 소작쟁의를 주도하는 데 영향을 미쳤을 것이라 짐작한다. 안정적인 교원의 길을 버리고 농민운동에 헌신한 이유는 고향에서 자행되는 일제의 수탈을 경험하였기 때문이다. 이우성은 농민들이 처한 현실에 대해 깊이 동정하였고, 농민이 대우받는 나라를 꿈꾸며 반일과 민족주의자의 길을 흔들림 없이 걸었다.

이러한 선생의 행적은 조선소작인상조회 전주지회 부회장을 맡았던 안용진이 변절하여 1931년부터 1941년까지 삼례 면장을 지냈던 것과 대조를 이룬다. 해방 이후 우리는 친일 부역자들을 청산하지 못하였다. 덕분에 삼례에서 이뤄졌던 수많은 항일에 관여했던 유명•무명의 인사들을 제대로 예우하지 못했다. 오늘을 사는 우리는 그들의 충의와 절개를 기억해야만 한다. 이것이 삼례의 상처를 치유하는 첫걸음이다. 반드시 삼례에서 이뤄졌던 항일운동에 대한 조명이 이루어져야 한다.

이종갑. 이우성. 이만갑, 이판용, 이순교, 김불. 김춘배. 한사현, 한병섭, 이용구, 한병태, 한병석, 이형길, 임곱불, 김형민 등은 삼례 출신 독립운동가이다. 이들과 함께 꼭 기억해야 할 동학농민혁명군…. 우리는 그들의 이름을 알지 못한다. 그렇다고 그들을 잊을 수는 없다. 그들은 삼례의 뿌리이기 때문이다.

징용을 기피하고 공출을 거부하며 줄기찬 소작쟁의로 일제에 항거한 구와리 사람들은 해방정국에서는 인민위원회를 조직하고 농민조합, 청년회, 부녀회, 토지분과위원회 등을 두었을 것으로 추정된다. 한문도 익히고 분쟁의 중재에 능숙한 40대 중반의 이우성과 이평교가 토지분과위원회를 맡았다. 해방정국에서 진보적인 지식인들은 "토지혁명으로 민족통일과 민주주의 국가를 수립한다"라는 주장을 하였다. 덕분에 와리는 한국의 '○○코바'라는 별칭이 생겼고 우익테러의 목표물이 되었다.

1947년 5월 30일 완주군 삼례지구 독촉위원장 안용진과 대원 3명이 성인교육을 시키려고 와리에 갔다가 당시 수배 중이던 와리 민청위원장 김기두를 발견하고 체포하였다. 이들이 경찰이 아닌 것을 알게 된 와리 주민 10여 명은 이들을 구타하여 김기두를 탈환하였다. 그러자 삼례 독촉원 50여 명이 오후 7시경 몽둥이와 죽창, 일본군도를 가지고 와리를 습격하여 30여 명에게 중경상을 입혔다. 심지어 임신부를 구타하고 60세 노인을 논 속에 처박고 짓밟았다. 그러나 뒤늦게 현장에 도착한 경찰은 우익의 도움을 받아 오히려 주민 100여 명을 체포하였다. 주민들에게 테러를 가한 우익은 3일 뒤 정읍 경찰서의 명령으로 독촉원 김일환과 10명을 체포했으나 전부 석방되었다.

이 사건을 취재한 기자는 집을 부수고, 사람을 때리고, 불을 질러도 도망갈 우려가 없으면 체포하지 않는다는 새로운 사실을 알게 되었다며 분통을 터뜨린다. 주민은 생명과 재산을 지키기 위해 누구를 믿어야 하냐며 절규한다. 테러로 인해 와리 주민은 낮과 밤을 공포에 떨어야 했으며 농사를 지어야 할 청년들은 지하로 숨었다.

일본사람이 아닌 조선사람의 손에 파괴되는 와리를 보며 기자의 마음은 한없이 쓰라렸다. "테러로 상처받은 와리 주민의 심정과 원한은 인제 없어질 것이며 언제 회복할 것인가?"라고 쓰고 있다. 마을에서 만난 80대 어르신은 어릴 적 읍내에 나가면 단지 와리에 산다는 이유로 두들겨 맞았다고 했다. 70여 년이 흘렀어도 상처는 아직 진행 중이다.

삼례의 다양한 골목답사로 하는 문화치유

전주 이씨 입향조인 이도행은 구와리에 자리를 잡은 뒤 손수 괴목(槐木)을 심었다고 전한다. 괴목(槐木) 느티나무일 수도 회화나무일 수도 있다. '괴(槐)'자는 '회화나무(홰나무) 괴'이기도 하지만, '느티나무 괴'로 쓰거나 읽기도 한다. 괴(槐)는 나무 목(木)자와 귀신 귀(鬼)자가 합쳐진 글자로 '나무귀신'이거나 '귀신이 붙은 나무'로 해석할 수 있다. 느티나무는 마을 입구에 정자나무로 많이 심었다. 어렸을 때는 볼품이 없지만 나이가 들수록 우아한 자태가 드러난다. 늦게 티가 나서 느티나무이다.

옛날 시골에서는 봄에 느티나무의 잎이 나오는 모습을 보고 그해 농사가 풍년인지 흉년인지를 점쳤다. 목재는 불상, 기둥, 가구, 악기 등을 만들었고 열매를 먹으면 눈이 맑아지고 흰머리가 검게 된다는 기록도 있다. 1,000년 이상 산 나무 중에 느티나무가 가장 많다. 오래 살아서 귀신나무

인지 혹은 나무귀신인지도 모르겠다.

　이우성의 할아버지 이영환(李永煥)은 명신(命新), 창신(昌新), 현신(顯新) 세 아들을 두었는데, 구와리에 괴정(槐亭)을 세우고 호를 각각 괴헌(槐軒), 괴정(槐亭), 괴중(槐中)이라 하였다. 괴정 앞에 불에 탄 흔적이 있는 느티나무가 있다. 보일러의 연통과 느티나무가 너무 가까이 있어서 불이 났었다. 이 느티나무 아래 있는 집이 삼례 소작쟁의를 주도한 이우성이 살았던 집이다. 지금은 이우성의 맏며느리가 살고 있다.

　느티나무가 보았던 와리 사람들의 삶은 어떠했을까? 느티나무가 들려주는 마을의 이야기, 사람의 이야기에 귀를 기울여 본다.

　삼례는 다양한 골목답사 코스가 가능하다. 문화치유가 문화를 통하여 치유와 회복을 경험하는 것이라면 골목여행 혹은 골목답사는 문화치유의 한 부분이다. 삼남대로가 지났던 옛길이나 하리 용전마을에 있는 하리교

완주문화치유학교

회에서 시작해 새터, 전와마을, 유리, 신천습지, 조사마을을 거쳐 다시 하리교회에서 마치는 하리골목답사 등을 예로 들 수 있다.

골목답사를 통해 나무 이야기도 듣고 사람들의 이야기를 만날 수 있다. 사라져 가는 골목에는 사람 냄새가 풀풀 나는 추억이 살아 있다. 어른에게는 추억을 회상하게 하고, 아이에게는 어른들의 삶을 배우는 현장이 될 수 있다. 어른, 아이에게 모두 유익한 골목 여행이 많아지면 좋겠다. 골목에서 만나는 사람들의 이야기로 지친 사람들이 위로받고 치유되길 희망한다.

전와마을 팽나무가 들려주는 효자와 열녀 이야기

효열 정려비

손 안 나

　전와마을에는 거대한 팽나무 두 그루가 있었지만 한 그루는 2019년 여름 바람이 많이 불던 어느 날 쓰러져 버렸고 현재는 한 그루만 남아 있다. 대나무로 만든 딱총에 팽나무의 열매를 넣고 쏘면 '팽' 소리가 난다고 해서 팽나무라고 부른다. 팽나무는 주로 서낭당의 역할을 했다.

　서낭은 마을 지킴이로 경제적으로 어렵거나 사당을 짓기 어려운 입지 조건일 때 마을 입구에 있는 커다란 나무를 서낭으로 삼아 마을의 수호신으로 모셨다. 어쩌면 가난했던 전와마을도 사당을 지을 형편이 안 되어 마을 입구에 있는 이 커다란 팽나무를 서낭으로 모셨을지도 모른다. 팽나무가 있는 전와마을은 앞에 있는 와리라는 뜻이고, 새터라고도 부르는데 새롭게 생긴 마을이라는 뜻이다. 2019년 태풍으로 쓰러진 팽나무 대신 어린 팽나무를 심어 놓았다.

　우리 주변의 노거수들은 마을의 역사와 전설, 고사를 담고 있으며 그들의 연륜으로 인해 신령한 존재였다. 주민과 함께 살아온 오래된 거목은 마을의 정신적인 지주였고, 제사를 지내는 터이고, 동네 사람들의 쉼터였

팽나무 노거수

다. 노거수는 둥구나무, 당산나무 혹은 정자나무로 사람들과 함께 살아왔다. 사람의 삶은 겨우 100년이기에 다 돌아갔지만 천 년을 살아남은 거목도 있다. 그러나 새마을 운동으로 대변되는 근대화를 겪으며 사라져 간 노거수가 하나, 둘이 아니었다.

마을에 있는 오래된 거목은 마을의 전설과 설화, 고유 신앙 등을 가지고 있기에 나무와 마을 이야기는 문화사적인 가치가 높다. 요즘은 오래된 거목에 대한 가치에 동의하는 사람들이 많아지며 노거수에 관한 관심이 높아지고 있다. 수령 100년 이상의 노거수 중에서 고사나 전설이 있는 나무 또는 특별히 보호가 필요하거나 증식 가치가 있는 나무를 보호수로 지정하고 있다. 보호수가 되면 산림보호법에 의거 산림청의 체계적인 관리를 받는다. 보호수 지정과 해제는 도지사가, 관리는 시장·군수가 한다.

2019년 태풍으로 비바람에 쓰러지기 전의 팽
나무 노거수(2018)

새터 효열비 이야기

전와마을에는 3개의 정려각
에 8개의 전주 유씨 가문의 정
려가 있다. 팽나무 노거수 아래
있는 1칸짜리 정려각에는 1891
년에 세워진 유기현, 유기섭의
정려가 있다. 유기현과 유기섭
의 할아버지는 형제이다. 유기
현(1814~1881) 내외는 효성이
깊어 부모님 병환에 수발을 다
했기에 정려를 받았다. 유기섭
(1797~1868)은 창백(蒼柏) 박
종열(朴宗說)에게서 배워 학문이
높았으며 봉동 구미리 구호서원
에 배향되었다.

유기섭은 부모의 상을 당해 여
묘살이를 하였고, 그의 효행이
조정에 알려져 고종 때 정려를
받았다.

새로 심은 어린 팽나무 곁에
있는 비각에는 1932년에 세워진

2개의 비석이 있는데 하나는 효자비이고 하나는 열녀비이다. 효자비의 주인공은 유영철로 유기호와 그의 두 번째 부인인 평양 조씨의 양자이다.

유영철과 그의 아내 전주 이씨는 지극한 효자, 효부로 어머니가 병이 나면 곁을 떠나지 않았고, 어머니가 바라는 일을 기쁨으로 행하였으며 조금도 언짢아하지 않았다. 이들 부부는 궁색함을 벗으려고 열심히 일했지만, 문병 오는 손님은 명절날처럼 음식을 대접하였다. 마을 사람들은 유영철 부부를 하늘의 뜻으로 태어난 대효(大孝)라 부르며 나라에 효자각을 세우게 해달라고 요청하였다.

유영철 효자비 옆에는 며느리 남양 홍씨의 열녀비가 있다. 남양 홍씨는 효자 유영철의 아들 유발에게 시집을 왔지만, 남편이 허약하여 병시중을 들어야 했다. 온갖 정성을 들여 병간호하였으나 유발은 열아홉 살에 세상을 떠났다. 스물한 살에 청상과부가 된 남양 홍씨는 남편을 따라 죽을까도 생각하였지만 자신보다 못한 사람도 있다는 생각에 마음을 바꾸고는 정말 열심히 일하여 집안 살림이 늘어가는 보람으로 살았다. 아들이 없어 홍근을 양자로 들였고 83세까지 장수하였다. 홍씨 부인이 세상을 뜨자 나라에 추천하여 각을 짓고 비를 세웠다.

그 옆에는 1892년에 세워진 3칸짜리 정려각이 있다. 이곳에는 유지현, 유기창, 유한철, 풍양조씨의 정려가 있다. 유지현은 효행이 뛰어나 1881년(고종 18) 9월에 정려를 받았다. 유기창(柳基昌, 1807~1886)은 효자 유지현(柳之賢)의 아들이다. 유한철(柳漢喆, 1829~1887)의 할아버지는 효자 유지현(柳之賢), 아버지는 효자 유기창(柳基昌)이다. 특이하게도 유지현, 유기창, 유한철 3대에 걸쳐 효자 정려를 받았다.

평양 조씨는 효자 유영철의 양어머니로, 남편이 병을 얻자 자신의 넓적

다리를 구워 먹였는데 이 덕분인지 남편은 10년을 건강하게 살았다. 그러나 남편의 병이 재발해 더욱 나빠지자 부인은 자신의 손가락을 절단하여 피를 마시게 하는 등 지극정성으로 남편 병구완을 해 정려를 받았다.

재미있는 사실은 풍양 조씨의 남편 유기호의 아버지 유지룡과 효자 유지현은 형제이다. 유지룡 가계에서 효자 한 명과 열녀 두 명이 나왔으며, 내리 3대가 효자 정려를 받았다. 또한 열녀 풍양 조씨의 남편 유기호(1825~1841), 효자 유기창(1807~1886), 효자 유기현(1814~1881), 효자 유기섭(1797~1868)은 한 항렬일 것으로 추정된다. 한 집안에서 같은 시기를 산 네 사람이 정려를 받았으니 9시 뉴스에 대서특필될 일이다.

옛날에는 효자비나 열녀비를 개인적으로 세울 수 없었다. 반드시 나라의 허가를 받아야만 하였다. 다른 말로 하면 조선의 정절 문화는 나라에서 관리하였다는 뜻이다. 임진왜란를 기준으로 조선을 전기와 후기로 나눈다. 조선 전기에 열녀는 272명이었지만 조선 후기에는 845명이다.

조선 전기에는 단순히 개가를 거절하거나 수절만 하여도 열녀로 선정될 수 있었지만 조선 후기에는 특이한 이야기가 있어야만 선정될 수 있었다. 그래서 효자의 이야기에는 병이 난 부모님을 위해 엄동설한에 여름 과일을 찾아 나서고 열녀 이야기에는 넓적다리 살을 구워 먹이거나 손가락을 잘라 피를 받아 먹인다는 이야기들이 단골로 등장한다.

이렇게 조선 후기에 열녀의 수가 증가하는 것은 성리학의 보급으로 백성들이 교화된 것도 있지만 중앙 정부의 충성 강요가 여성에겐 정절 강요로 나타났음을 알 수 있다. 열녀 정려를 받으면 명예는 물론 세금감면과 군역의 면제라는 실질적인 혜택이 주어졌기에 여성들에게 수절을 강요하거나 자살하라는 압박이 가해졌던 것도 사실이다. 심하면 자살을 거부한 청상과부 며느리를 가문에서 살해하는 일도 발생했다.

우리가 잘 알고 있는 어사 박문수 이야기의 배경이다. 반면에 개가한 과부의 자식은 아무리 똑똑해도 관직에 나갈 수 없었다. 조선에서 유일한 직장은 공무원인데 관직에 나갈 수 없다는 것은 평생 백수로 살아야 한다는 말과 같았다. 임진왜란 이후 조선은 구조적으로 여성의 개가를 막고 있었다.

버드리로 불리는 유리

구와리에는 전와마을과 함께 전주 유씨 집성촌이 한 곳 더 있다. 바로 버드리라 불리는 유리이다. 전와마을에서 뒷내를 따라 만경강 쪽으로 걷다 보면 만나는 마을이다. 마을 입구에는 빨래터가 있었는데 지금은 집에 상수도가 들어오고 세탁기가 보급되면서 폐허로 남아 있다.

유리는 버드나무가 많은 마을이어서 유리, '버들 유(柳)'자를 쓰는 전주 유씨가 모여 사는 마을이어서 유리라고 부른다. 지금은 버드나무가 없지만 30~40년 전만 해도 이 마을엔 아름드리 버드나무가 많이 있었다고 전해진다. 이 마을에서 딸기 농장을 운영하는 유흥옥 씨는 농장 이름을 '버들피리'라고 소개하였다. 지금은 사라진 버드나무를 추억하며 농장 이름을 지었단다.

현재도 유리는 버들 '유(柳)'자를 쓰는 유씨 집성촌으로 다른 성씨들은 외지에서 새롭게 들어온 사람이거나 고종사촌들이다. 마을 전체가 한 가족인 셈이다. 마을에 들어서면 매우 이색적인 모습을 보게 되는데 강돌을 쌓아 만든 담이다. 1970년대, 새마을 운동이 한창일 때 만들어진 것으로 마을 어른들이 손수레로 마을 앞내인 만경강에서 강돌을 실어와 손수 만들었다.

　마을이 현대화되면서 많이 바뀌었지만, 아직도 제 역할을 감당하는 담장이 남아 있어 외지에서 온 나그네를 즐겁게 한다. 어느 곳에서나 흔하게 볼 수 없는 골목 풍경이라 더 흥미로우며 슬로시티를 걷고 있는 듯하다. 이렇게 아름다운 담장을 유지하고 가꾸어서 유리도 슬로시티에 이름을 올리면 좋겠다.

　한국의 담은 오고 가는 사람과 소통하고 자연과 소통한다. 담이 높지 않으니 오고 가는 사람과 소통하고 물길이 흐르면 담 밑으로 물길이 지나도록 한다. 길이 지나면 길이 막히지 않도록 담을 터놓아 사람이 지날 수 있도록 길을 열어 놓았다. 막힌 듯 트여 있고 닫힌 듯 열린 공간이 담이 가진 멋이고 자연과 소통하는 방식이다. 담이 외부와 소통하듯 여행은 새

유리의 돌담

로운 세계와 소통한다.

　동네 골목을 걸으면 마을의 이야기와 거기서 뿌리내리고 살아가는 사람들의 이야기를 만날 수 있다. 골목 답사는 마을과 사람의 이야기를 나에게 체화시키는 과정이기에 많은 이들이 열광한다. 더 많은 사람이 완주를 완주하며 힐링과 치유를 경험하길 기대한다.

유병량의 어리석고 누추한 집, 우루재

　유리는 조선 말 시와 예학에 능했던 한학자 유병량(柳秉養, 1864~1940) 선생의 고향이다. '우루재(愚陋齋)'는 유병량 선생의 호로 '어리석고 누추한 집'이라는 뜻이다. 16세에 부친을 여의고 3년 시묘살이를 했으며, 낮에는 농사를 짓고 밤에는 공부해 2,000석 부자의 반열에 올랐다. 1905년 느티나무 아래 창화재라는 강당을 짓고 문중 자제들을 교육하는 등 유학 진흥에 힘을 기울였다. 1913년 4월 20일(음력) 과거제 폐지 이후 시름에 잠긴 선비들을 모아 만경강 둔치에서 사재를 털어 전국 백일장을 열었는데 구경꾼을 포함 1만5천 명이 모였다고 전해진다. 이때 뽑은 시를 모아 편찬한 책이 《우루재창화편(愚陋齋唱和編)》상·하이다. 유병량은 《우루재원고(愚陋齋原稿)》라는 저서를 남겼다.

　우루재 선생의 시 만흥(晚興)에 등장하는 느티나무 아래 창화재가 있었다. 원래는 두 그루가 있었는데 한 그루는 시간의 흐름을 이기지 못하고 고사하였다. 그런데 남아 있는 느티나무마저 썩어서 죽어가는 중이라 보는 이들의 마음을 안타깝게 만든다. '노괴(老槐)'는 늙은 괴목을 일컫는 말로 보통 괴목은 느티나무나 회화나무를 가리킨다. 우루재 선생의 시 만흥은 다음과 같다.

碧澗日千里(벽간일천리)
老槐春百年(노괴춘백년)
對時觀物化(대시관물화)
一喜一悽然(일희일처연)

날마다 흐르는 푸른 물길 천리인데
늙은 느티나무 봄을 맞기 백 년이구나
때때로 대하는 조화로운 사물마다
하나는 기쁨 다른 하나는 슬픔이구나

버드리 앞의 신천습지를 국가습지보호구역으로

　버드리(유리) 앞에는 신천습지가 있다. 신천습지는 흔치 않은 하도습지로 만경강과 소양천이 만나면서 강폭이 넓어지면서 유속이 느려져 많은 하중도가 만들어졌다. 이 하중도는 새들의 보금자리 역할을 하고 있다. 현재 환경부에서는 신천습지를 국가습지보호구역으로 지정하기 위해 부처 협의 중이라고 하며 협의가 완료되면 지자체 의견, 토지주 의견 등을 조사하고 그 후에 지정 여부가 결정된다고 한다.

　신천습지는 생물 다양성이 높고 매년 천연기념물과 멸종위기종이 찾아오는 철새도래지로 보호가 필요한 곳이다. 또한 용담댐 차가운 물이 만경강으로 유입된다는 이야기가 있었는데 완주군 환경과에 확인한 결과 추가 유입계획이 아직은 없다고 한다.

　생태와 환경은 미래 세대의 자원을 미리 당겨쓰는 것이라는 인식이 필요하다. 많은 사람이 관심을 두고 보호하는 일에 동참하여 신천습지가 '국가습지보호구역'으로 지정되어야 한다. 만경강 개발은 최소한으로 이

신천습지

루어져야 하며 자연 그대로 우리 후손들에게 전해져야 한다.

후손들에게 좋은 상태의 만경강을 전해주기 위해서는 만경강에 어떤 동식물이 서식하고 있는지 생태자원 조사를 시작해야 한다. 일회성, 단발성이 아닌 일 년에 4번 봄, 여름, 가을, 겨울 계절마다 진행되어야 하고 매년 실시하여 생태환경과 기후변화에 따른 생태계 변화를 확인할 수 있어야 한다. 그래야 100년 뒤에도 만경강이 우리 곁에 있을 수 있다.

용전마을 버드나무가 들려주는 하리 이야기

하리 사람들

손 안 나

삼례읍 하리 용전마을에는 버드나무 노거수가 있다. 노거수란 어른 가슴높이의 나무 둘레가 3m 이상이고 수령이 200년 이상인 오래된 커다란 나무를 가리킨다. 원래 버드나무가 있는 땅은 사유지인데 땅 주인이 버드나무는 마을 공동의 것이라며 버드나무가 있는 땅을 남겨 놓고 울타리를 둘렀다. 우리나라의 버드나무는 주로 왕버들, 능수버들, 수양버들이다.

버드나무 껍질에는 아스피린을 만드는 살리실산이라는 화학물질이 들어 있다. 아스피린으로 유명한 제약회사 바이엘에서 세계 여러 나라의 버드나무에서 살리실산을 추출하여 실험해 본 결과 우리나라의 버드나무에서 추출된 살리실산의 효능이 가장 좋았다고 한다. 그래서일까 이순신 장군이 무과 시험 중 말에서 떨어졌을 때 버드나무 가지를 꺾어 다리를 묶었고, 그 옛날 진통제가 없던 시절 아이를 낳을 때 산모는 입에 버드나무 가지를 물었다고 한다.

식사 후에 우리는 양치질을 한다. 양치질의 '양치(養齒)'는 버드나무 가지를 뜻하는 '양지(楊枝)'에서 왔다. 가지 지(枝) 자가 발음이 비슷한 이 치

용전마을의 버드나무 노거수

(齒)자로 대치되며 양치질이 된 것이다. 오래된 옛날의 칫솔은 버드나무 등으로 만든 이쑤시개 형태였다고 한다.

오래 전 아랍에서 살 때 전통시장에 가면 나뭇가지를 한 묶음씩 파는 장사치가 있었다. 사람들은 그 나뭇가지를 사서 하루종일 씹고 다녔는데 칫솔의 원형이었을 것으로 추측한다. 우리 조상들은 버드나무 가지에 소독 효과와 진통 효과가 있다는 것을 알았던 모양이다.

임광호 전도사 순교비

버드나무 노거수 앞에는 커다란 비석이 하나 서 있는데 임광호 전도사 순교비이다. 임광호 전도사로 황해도 신천 출신이다. 임광호 전도사는 만주에서 신학을 공부하였고 해방이 되면서 공산당의 박해를 피해 자유로운 신앙생활이 가능한 남한으로 내려와 삼례 와리교회에 부임하였다.

임광호 전도사가 와리에서 생활하던 해방 직후의 상황은 매우 혼란스러웠다. 1947년 미소공동위원회가 활동하던 당시엔 신탁통치 반대를 내건 우익단체의 테러가 격렬하여 농민들이 농사조차 지을 수 없는 지경이었다. 당시 와리는 400여 주민이 대개 자소작을 하는 중농 이하 빈농으로 일제강점기 내내 줄기차게 소작쟁의를 하였던 좌익계열이었다. 좌익과 결합한 농민운동은 집중적인 백색테러를 당하였다.

와리를 공격한 우익 백색 테러단은 사상전향서 작성, 독립촉성회 가입, 기부금을 강요하고 이에 응하지 않으면 집중적으로 구타하거나 소작권을 박탈하였다. 주민들의 증언에 의하면 계급장 없는 군복을 입고 이북 사투리를 쓰는 청년들이 무장한 경찰과 함께 나타나 몽둥이로 집집마다 다니며 기물을 부수었다고 한다. 추운 겨울인데도 방문을 부쉈고 한해를 지낼

간장독, 된장독까지 박살을 냈다는 것이다. 동네 사람들은 그들에게 얻어 맞지 않은 사람이 없었다고 하는데, 테러의 이유는 전주 시위에 와리 사람들이 늘 앞장섰기 때문이었다.

공산당으로 몰려 극심한 백색테러에 시달리고 있는데 이북 사투리를 쓰는 교회 전도사가 주민들 눈에는 예뻐 보이지 않았을 것이다. 거기에 와리교회는 장로교이고 임광호 전도사는 성결교 목회자이다. 교리의 차이도 갈등의 요인이 되었을 것이다. 임광호 전도사는 와리를 떠나 하리에 교회를 개척하였고, 한국 전쟁이 발발했을 때 순교하였다. 극한 이데올로기의 대립이 가져온 비극이다.

무산전동학원과 야학 세운 김불

현재 하리는 삼례읍이지만 일제강점기에는 초포면이었다. 소양천 상류인 초포면에는 상리, 중리, 하리가 있었는데 행정개편으로 상리와 중리는 전주시에 편입되고 하리는 삼례읍이 되었다. 그래서 삼례 읍내보다 만경강 상류 지역이면서 하리라고 불리는 이유이다. 김불(金佛)은 초포면 하리 출신으로 삼례에 살면서 신간회 전주지회 간사로 활동하였다. 김불에 관한 기록은 1929년 5월 3일 자 동아일보에서 찾을 수 있다.

구와리 이만갑은 하리 김불과 함께 전북북부농민조합을 설립하려고 각처로 다니며 농민들을 설득하고 있었다. 이를 눈치챈 경찰이 농민조합에 두 가지 불온 조건이 있다며 집회를 금지했지만 두 가지 불온 조건이 무엇인지는 비밀이라고 했다는 것이다. 이만갑은 구와리 소작쟁의를 주도했던 인물이었음을 고려하면 김불이 구와리 소작쟁의와 무관하지 않음을 알 수 있다.

용전마을의 버드나무 노거수

김불의 이야기는 1930년 1월 20일 자 동아일보에서 또 발견된다. 김불은 하리에 무산전동학원(無産全童學院)을 세웠다. 당시 하리에는 오천여 명이 거주하고 있었는데 아동 교육기관이 없었다. 유산계급 자녀는 삼례나 동산 등지의 학교로 통학하였지만, 무산계급의 자녀는 학교에 입학하지 못하였다. 이에 김불은 동네 유지 모모 씨들과 취장단을 조직하여 무산전동학원을 설립하고 20여 명의 아동에게 무보수로 조선어, 산술 등을 교수하였다. 1930년 4월에는 삼례 우곤농장 소작쟁의 선동 혐의로 붙잡혔다가 석방되었다는 기사도 있다.

나중에 그는 하봉무산야학을 설립하고 교사로 봉직했으며 신금리에서는 1929년 10월 실업단 산하에 아동 야학을 개설하였다. 교사는 신금리 진흥회장 임광환(任光煥)을 포함하여 이규철(李圭喆), 임남조(林南祚) 등이었고 재학생은 30여 명이었다. 그가 설립한 야학은 모두 무산아동을 위해 설립된 것으로 보아 하리의 청년들이 학교에 진학하지 못한 소년들을 동정하여 연 듯하다. 일본 경찰은 통제할 수 없는 야학의 특수성으로 인해 감시의 끈을 늦추지 않았다. 그런데도 청년들은 성인이나 아동을 대상으로 꾸준하게 야학을 열었다. 야학은 주민들의 의식개혁에 일익을 담당했다는 점에서 삼례 지역 청년들의 노고가 재평가되어야 한다.

야학의 정신은 한국 전쟁 후에도 이어져 삼례의 지식인들은 1960년 석전고등공민학교를 세운다. 석전고등공민학교 설립자 김응혁은 삼례 태평리 출신으로 초포고등공민학교 설립자 이범술로부터 학교를 이전하여 하리에 학교를 세웠다.

삼례의 지식인 박용철(전북대), 송호술(서울교대), 공석종(전북대), 정대봉(석전 출신)이 교사진으로 참여하였으며 이학이 교감을 맡았다. 학생

수는 100명이 넘었다. 이후 석전리 공주사범 출신 이인근이 논 300평을 희사해 석전에 교실 3칸이 있는 학교를 지었고 교장 김응혁, 교감 이학 등은 밤 11시까지 성심을 다해 학생들을 가르쳤다.

한성임시정부에 전북 대표로 참여한 석전 박한영

박한영(朴漢永)은 석전정호(石顚鼎鎬, 1870~1948) 스님의 속명이다. 석전 박한영 스님은 삼례읍 하리 조사마을 출신으로 삼일운동 이후 조직된 한성임시정부에 전라북도 대표로 참여하였다. 환응(幻應) 스님에게 사교를, 경운(擎雲) 스님에게 대교를 이수하고, 설유(雪乳) 스님의 법을 이었다. 만해(卍海)·금파(琴巴) 스님 등과 불교개혁에 나섰고 만해·성월(惺月)·진응(震應)·금봉(錦峯) 스님과 친일불교에 맞서 조선불교 정체성을 수호하기 위해 임제종(臨濟宗) 운동을 전개했다.

또한 고등불교강숙 숙사(1914), 중앙학림 강사와 교장(1915~1922), 중앙불전 교장(1930~1938)으로 후학을 양성하고 조선불교 교정(教正)을 지냈다. 이광수, 최남선, 정인보, 양건식, 이병기, 권덕규 등 당대의 최고의 국학자와 문인들과 교유하였으며 1930년대 중앙불전과 개운사 강원에서 조종현, 서정주, 신석정, 김어수, 김달진, 조지훈 등의 시인을 배출했다. 석전 스님은 일제강점기 우리 민족의 나아갈 길을 모색하는 데 일조하였다.

삼례정신을 생각하다

삼례를 관통하는 삼례의 정신은 무엇일까? 특히 구와리와 하리에 면면히 흐르고 있는 정신은 무엇일까? 구 삼례중학교 교정에 서 있는 비석에는 '옳은 일에 앞장서라'라고 적혀 있다. 옳은 일을 외면하지 않고 투쟁하였던 정의, 가난한 자를 외면하지 않았던 박애, 편협한 사고에 갇히지 않은 자유, 사회적 책무를 외면하지 않은 지식인들의 책임감 이것이 삼례 정신이다.

삼례를 관통하고 있는 이 위대한 정신이 지금을 사는 우리를 비추는 횃불이며 묵묵히 하리 사람들의 치열한 삶을 지켜본 나무가 들려주는 이야기이다.

• 공기마을 편백나무가 들려주는 명필 이야기

창암 이삼만과 추사 김정희

• 하신광마을 느티나무가 들려주는 정여립 이야기

세계 최초의 공화주의자

창암 이삼만과 추사 김정희

손 안 나

상관(上關)은 본래 전주군 지역이다가 1935년 도농분리정책으로 완주군에 편입되었다. 관(關)의 위쪽에 있어 상관(上關)이라 불렸으며 주변에 만덕산(萬德山, 762m)· 고덕산(高德山, 625m)이 있어 대부분 지역이 험준한 산지이다. '관(關)'은 원래 '닫다, 잠그다'의 뜻으로 '나들목'을 말한다. 상관면에는 3개의 관이 있었다. 조선시대 전주와 임실의 경계로 호남제일관문(湖南第一關門)인 만마관(萬馬關), 만마관을 운영 관리하던 남관진(南關鎭), 남관과 전주 사이의 상관진(上關鎭)이다.

협곡에 성을 쌓은 만마관

만마관은 1만 마리의 말이 쳐들어와도 능히 대적할 수 있는 곳이라는 뜻이다. 전주는 남쪽이 막히고 북쪽이 터져 있어 남원으로 내려갈수록 좁아져 슬치고개 주변은 협곡으로 변한다. 이 협곡에 성을 쌓고 만마관이라 하였는데 전쟁이 났을 때 이곳을 막으면 적군이 쳐들어올 수 없는 지형적인 특성이 있었기 때문이다.

여지도 "남고진 사례"에 만마관은 '남고진에서 동쪽(실제로는 남동쪽)으로 40리 떨어진 곳(남관진에서 5리)에 있다. 성의 문 위에는 6칸의 문루가 있고, 문에는 물고기 비늘 모양의 철제 장식이 달려 있으며, 문의 윗부분은 무지개 모양의 홍예문이다. 성곽을 포함한 총 길이가 230m이고 성벽 위에는 여장이 78좌이며 세 칸 규모의 수문장졸 수직방이 있었다.'라고 기록되어 있다.

만마관은 1811년에 축조되어 운영되다 1907년에 성벽을 철거하였고 이후에는 철도가 건설되고 도로가 확장되면서 파괴되었다. 현재 전주 방향 상행선 도로 오른편 개천 건너 산자락 아래에서부터 정상부까지 돌로 쌓은 벽이 남아 있다. 그리고 동네 이름이 말 마(馬)자를 쓴 마자(馬子)마을이 남아 있을 뿐이다.

마자마을에는 대부분 느티나무와 개서어나무로 구성된 마을 숲이 수구막이 역할을 하고 있다. 수구막이는 마을에 나쁜 기운이 들어오지 못하도록 막거나 마을의 좋은 기운이 밖으로 빠져나가는 것을 막는 것으로서 건물, 나무, 탑 등이 있다. 마자마을은 수구막이 마을 숲을 조성하고 돌탑 등을 쌓아서 풍수적으로 불완전함을 보완, 명당을 만들었다. 비보하여 만든 명당에서 사람들은 자연과 조화를 이루며 살아가고 있다.

만마관이 닫히면 남원에서 전주로 가려는 사람은 다음 날까지 관문 밖인 노구바위(현재 산정마을)에 머물렀고, 전주에서 남원으로 가려는 사람은 남관진 위쪽인 상관에서 밤을 보내야 했다. 원래 노구라는 것은 늙은 개가 달을 보며 짓는(老狗吠月) 형국이라 하여 붙여진 이름이라고도 하고, 늙은 할머니가 고사리를 꺾는 노구채미의 형상이라서 붙은 이름이라고 하거나, 노구호미맥(老嫗乎微脈)이 있어서 노구암(老嫗岩)이라고 한다는 3개의 설이 있다.

사람들의 왕래가 잦은 곳이어서 주막과 여관이 많았다고 하며 춘향전의 신관 사또 변학도가 이곳에서 점심을 먹었다는 이야기도 전해진다. 오래된 마을에 빠지지 않는 보호수 느티나무는 오고 가는 세월을 이고 지금도 사람들과 마을을 지키고 있다.

남관진창건비로 알아보는 남관진의 역사

전주의 남쪽을 방어하기 위해 설치한 남관진(南關鎭)에 관한 이야기는 '남관진창건비(南關鎭創建碑)'를 통해 알 수 있다. 현재 남관초등학교 옆에 서 있는 이 비석은 도로변 잡초 속에 묻혀 있다가 도로 확장공사 도중 발견돼 2018년에 완주군 향토 문화재로 지정 관리되고 있다.

남관진은 1873년에 세워져 만마관을 운영, 관리하다가 1907년에 대한제국의 군대 해산으로 해체되었다. 남관진에는 정무를 보던 관아와 군영 울타리, 창고, 지출을 집행했던 출납기관, 지휘관 지휘소인 장대, 화포를 관리했던 화포청 등이 있는 100여 칸 규모의 건축물이었다. 지표상의 유물이나 고지도 분석, 그리고 주민의 이야기를 종합해 보면 당시의 주요 건물들이 지금의 남관마을에 분포되어 있었을 것으로 추정된다. 현재 남관진과 관련된 건물은 없다.

영화 '최종병기 활'의 촬영지, 공기마을 편백숲

완주의 대표 숲을 들라고 하면 많은 사람이 상관면에 있는 공기마을 편백숲을 꼽을 것이다. 그만큼 유명하고 재미있는 이야기들이 있기 때문이다. 다양한 이야기 중에서도 공기마을 편백숲에서 말년을 보낸 창암 이삼

상관편백숲

만 선생의 이야기는 빼놓을 수 없다. 공기마을은 편백숲 때문에 공기가 맑아서 공기마을이라 하는 줄 알았는데, 마을 지형이 공기를 엎어 놓은 것 같아 붙은 이름이라고 한다. 편백나무 숲은 완주군 상관면 죽림리에 있으며 면적은 26만 평이다. 1976년부터 편백나무를 심기 시작하여 현재는 약 10만 주 정도 예상하며 모두 사유림이다.

영화 '최종병기 활'을 촬영할 정도로 풍광이 빼어나고, 10만 주에서 뿜어내는 편백나무의 피톤치드 역시 최고이다. 피톤치드는 휘발성 향기 성분으로 마음을 안정시키고 집중력을 높일 뿐만 아니라 살균과 항산화 작용이 있어서 아토피를 완화시키고 새집증후군에 효과가 있다. 피톤치드는 새벽 6시경에 제일 많이 나온다고 알려졌지만, 상관 편백숲은 언제 찾아도 피톤치드의 세례를 듬뿍 받을 수 있다. 편백숲이 있는 죽림리는 얼마 전까지만 해도 유황온천으로 유명했었는데 편백숲에도 유황온천 족욕탕이 있다.

조선 후기 3대 명필로 이름난 창암 이삼만

편백숲 입구의 창암정에는 창암 이삼만(蒼巖 李三晩, 1770~1847)이 쓴 시가 오고 가는 사람을 반기고 있다. 이삼만은 정읍 부무실에서 태어나 전주에서 살면서 작품 활동을 하였고 말년에는 상관 편백숲이 있는 공기마을에 살면서 제자들을 가르쳤다. 위창 오세창은 "창암은 호남(湖南)에서 명필로 이름났으나 법이 모자랐다. 그러나 워낙 많이 썼으므로 필세는 건유(健愈)하다"라고 평하며, 창암이 먹을 갈아서 벼루 3개를 구멍 냈다는 기록을 남겼다. 창암이 얼마나 많은 글씨를 썼는지, 노력은 또 얼마나 했는지를 알 수 있는 대목이다. 그는 매일 천자씩 글을 썼다고 하며, 몸이 아파도 천자 쓰기를 멈추지 않았다고 한다. 그는 선천적인 천재가 아니고 후천적인 노력파이다.

창암은 가난하여 좋은 붓을 사용할 수 없었다. 그가 사용했던 붓은 꾀꼬리 꽁지 털이나 칡뿌리, 대나무, 개꼬리 털 등 주변에서 흔하게 구할 수 있는 재료를 이용해 만들었다. 도장도 돌 도장은 고사하고 나무 도장도 아닌 고구마 도장을 마른 인주에 찍은 것이 많았다. 그래서 창암의 글씨는 아주 촌스러웠고, 좋게 말해서 향색이 짙었다. 그러나 혹독한 훈련과 창의적인 실험정신으로 조선의 특색을 살린 자신만의 서체를 완성한 명필이 되었다. 그의 글씨는 물처럼 흐르고 바람처럼 분다는 의미로 유수체라고 불렸다.

유수체라는 자신만의 독특한 필체를 완성하고 추사 김정희와 눌진 조광진과 함께 조선 후기 3대 명필이지만, 창암을 아는 사람은 많지 않다. 나이가 열여섯 살이나 어린 추사 김정희의 업적이 너무도 커서 넘어설 수 없는 외부적 한계가 있었고, 관직이나 유명세를 구하지 않고 초야에 묻혀 글씨에만 몰두한 선생의 고집으로 이름을 얻지 못했기 때문이다.

창암 이삼만과 추사 김정희의 인연

창암이 초야에 묻힌 가난한 명필이라면 추사는 다이아몬드 수저를 물고 태어난 선천적인 천재이다. 충청도 예산현(현 충청남도 예산군)에서 태어난 추사의 증조부는 영조의 부마인 월성위 김한신이고, 김한신의 10촌인 김한구의 딸은 영조의 계비인 정순왕후 김씨이며, 양어머니 남양홍씨는 흥선대원군의 아버지 남연군의 이모이다. 노론의 막강한 세도가인 그가 문과에 급제하자 조정에서 축하 인사를 할 정도였다. 7세 때 입춘대길이라 쓴 글을 보고 지나가던 영의정 채제공이 보고 장차 명필이 되겠다고 칭찬했던 천재였다.

24세 때인 1810년에는 아버지 김노경을 따라 6개월 동안 청나라에 머물면서 청나라 제일의 학자 옹방강(翁方綱), 완원(阮元) 등에게 재능을 인정받아 고증학을 배우게 된다. 완원은 자기가 지은 《소재필기(蘇齋筆記)》를 처음으로 김정희에게 기증까지 하였으며, 김정희가 조선에 돌아온 뒤에도 그들과 서신을 주고받는 유학파였다. 실학자 박제가의 문인으로 연암 박지원의 학통을 계승하였으며, 흥선대원군과 박규수, 효명세자를 제

정부인광산김씨묘비. 앞면은 추사 김정희의 글씨이고 뒷면은 창암 이삼만의 글씨이다.

자로 두었다.

정반대의 창암과 추사의 만남은 전주에서 이루어졌다. 경주 김씨의 세도가 무너지고 안동 김씨가 득세하며 추사는 제주도 유배길에 전주에서 묵었다. 이때 창암은 추사를 찾아와 자신의 글씨를 보여주며 평을 부탁했고, 추사는 향색이 짙은 그의 글씨를 혹평한다. 그러나 제주도 유배기간 세도의 무상함을 깨닫고 추사체를 완성한 그는 유배가 풀려 한양으로 돌아가는 길에 다시 창암을 찾아와 사과하려 하지만 이미 창암은 이 세상 사람이 아니었다. 이때 추사가 창암의 묘표를 썼다는 기록이 있는데 창암의 묘소에서는 찾을 수 없다.

인생은 초행길

창암과 추사의 이야기를 들을 수 있는 상관 편백숲에서는 마음을 어지럽히는 생각, 가슴 아픈 생각들을 잠시 내려놓고 아무 생각 없이 걸으며 힐링을 경험할 수 있다. 가끔은 삶의 이정표를 잘못 읽을 수도 있고, 틀린 길을 걸을 수도 있고, 다른 길을 걸을 수도 있지만 주어진 길에서 혹은 내가 선택한 길에서 최선을 다한다면 아름다운 인생이다.

인생은 초행길이고 한 번도 가보지 않은 길을 걷는 것이니 시행착오가 있는 건 당연하다고 생각한다. '이러할 것이다' 미루어 짐작한 선입견 때문에 혼란에 빠지기도 하겠지만 열심히 걸어야겠다. 걷다 보면 목표에 도달할 수도 있을 것이고, 더 멀리 갈 수도 있으며, 어쩌면 전혀 의도하지 않은 곳에 도착해 있을지 모른다. 그래도 최선을 다해 열심히 걷는다면 의미 있고 가치 있는 삶이 될 것이라 믿어 의심치 않는다.

창암의 고택 터

세계 최초의 공화주의자

손 안 나

상관면 소재지는 신리로 1914년 행정구역 폐합에 따라 신리, 월암리, 신흥리, 쌍정리, 은사리, 봉암리, 어리와 부남면 죽실리 일부를 병합하여 중심 마을의 이름을 따서 신리라 하였다.

이 신리에는 상신광(上新光)과 하신광(下新光)마을이 있다. 상신광에는 당산제를 모시던 느티나무 두 그루가 있었는데 한 그루는 철도를 놓으며 베어냈고, 한 그루는 현재 바보식당 옆에 남아 있다. 상신광 당산제는 매년 음력 2월 1일과 9월 9일에 2번 지냈으며 제주는 당골어미였다. 당골어미가 죽으면서 당산제도 맥이 끊어졌다.

세계 최초의 공화주의자, 정여립

하신광에는 강암(江岩)과 월암(月岩)이 있는데 강암은 마을 앞 냇가에 있는 커다란 바위를 말하고 신리역 근처에 있다. 월암은 달처럼 생긴 달바위를 가리키는 말이다. 달바위가 있는 월암마을에서 정여립(鄭汝立,

1546~1589)이 태어났다. 정여립은 조선 전기의 문신이자 사상가로 본관은 동래(東萊), 자는 인백(仁伯)이다.

1567년 21세에 초시에 합격하여 진사가 되었고, 1570년 24세에 과거에 급제하여 홍문관 수찬에 올랐다. 정여립은 기백이 있고 강인하여 임금님 앞에서도 당당하게 자신의 주장을 굽히지 않았으며, 총명하고 논리적이어서 그의 말을 듣는 사람마다 탄복하였다. 이이(李珥)와 성혼(成渾)의 문인으로 각별한 후원과 기대를 한 몸에 받았지만 사상이 너무 급진적이어서 스승들에겐 큰 걱정거리였다.

정여립은 선양(禪讓)에 의한 왕위계승방식을 주장하였다. 유학자들이 이상향으로 꼽는 요 임금, 순 임금, 우 임금은 후손에게 왕위를 물려주지 않고 능력이 검증된 사람에게 선양하였음을 강조하며 '천하는 공물인데 어찌 정해진 임금이 있겠는가?' 주장하였다. 천하의 만물은 공물(공공의 것)이며 임금과 귀족들 것이 아니라는 그의 주장은 라틴어에서 '공화국'을 가리키는 용어 'res publica'와 그 의미가 일치한다. 또한 하사비군론(何事非君論)과 역성혁명론(易姓革命論)을 옹호하였다.

하사비군론은 '누구든 임금으로 모시고 섬길 수 있다'라는 뜻이고 역성혁명론은 '임금이 입금답지 못하다면 그런 임금에게 충성을 바칠 이유가 없다.'라는 뜻이다. 이러한 그의 급진적인 사상은 임금과 신하 사이에 지켜야 할 도리가 있다고 믿는 신분사회에서는 결코 용납될 수 없는 불온해도 너무 불온한 사상이었다.

정여립이 꿈꾸던 대동세상

선조는 임금 앞에서도 자신감 넘치는 정여립의 당당함을 싫어했고, 스승은 서인인데 동인으로 당을 옮긴 정여립을 신뢰하지 않아 여러 사람의 추천에도 등용하지 않았다. 서인과 동인의 극심한 당파싸움의 불똥이 정여립에게 튀었다.

그는 관리로의 출세를 포기하고 고향으로 돌아와 진안 죽도(竹島)에 서실(書室)을 짓고 대동계(大同契)를 조직했다. 대동계에는 신분과 상관없이 누구나 가입할 수 있었고 남녀노소 빈부귀천과 관계없이 모두 하나 되는 평등한 세상을 만들려고 했다. 그는 대동계원들에게 보름마다 강론하여 개혁사상과 애국심을 고취했고 말타기, 활쏘기, 칼쓰기 등의 무술훈련을 하였다. 대동계 조직은 호남을 중심으로 황해도까지 진출했다. 황해도 안악의 변숭복(邊崇福)·박연령(朴延齡), 해주(海州)의 지함두(池涵斗), 운봉(雲峰)의 승려 의연(義衍) 등과 왕래하면서 세력을 확장해 갔다.

1587년, 전주 부윤 남언경은 녹도에 왜적 18척이 들어와 행패를 부린다며 그에게 도움을 청하였다. 그는 대동계원들을 데리고 출병하여 손죽도(損竹島)에 정박하고 있던 왜구를 기습 공격하여 왜구들을 전멸시켰다. 이후 왜구들은 정여립의 대동계 토벌대가 온다는 소식만 듣고도 풍비박산 도망쳐 달아날 정도였다. 이후 정여립은 문과 무를 겸비한 선비로 명성을 떨치게 되었다.

기축옥사의 비극

황해도 안악에 사는 조구는 '정여립이 한강이 얼면 대동계원을 이끌고 황해도와 전라도에서 동시에 봉기하여 한양으로 쳐들어 와 선조를 몰아내려 한다'라고 밀고하였다. 이에 정여립 체포령이 내려지고 의금부도사가 전주로 내려왔다. 그러나 정여립은 죽도에서 자결하였고 역모는 사실로 굳어졌다. 동인을 몰아내기 위해 서인들은 사건을 확대했고 3년 동안 1,000여 명의 사람들이 유배가거나 사형당했다. 조선의 3대 사화 때 희생된 사람을 모두 합한 수보다 더 많은 사람이 기축옥사(己丑獄事)로 죽었다. 호남 선비들의 씨가 말랐다고 할 정도였다. 이후 전라도는 반역한 곳이라는 낙인으로 호남인들의 등용이 제한되었다.

정여립의 가족은 3대가 멸족되었으며, 그가 살던 집은 파헤쳐져 연못이 되었다. 전주에 근거를 두었던 동래 정씨 일족들은 전국으로 흩어졌고, 정여립은 족보에서도 삭제되었다. 아이러니하게도 기축옥사에 관련되어 죽은 많은 선비는 옥사가 끝나자마자 복권되었지만, 정여립만은 끝내 복권되지 못했다.

그가 꿈꾸던 대동 세상을 이루기 위해 실제로 역모를 일으키려 했는지 혹은 동인을 숙청하려는 서인들의 역모 조작인지는 확실하지 않다. 대동계를 이용해 역모를 계획했다면 전주 부윤에게 자신들의 모임을 밝히지 않았을 것이다. 그러나 전주 부윤이 대동계원들이 무술을 연마하여 왜구와 대적할 정도

정여립 상징물

의 실력이 있다는 것을 알고 있었기에 대동계에 도움을 요청하여 왜구를 물리쳤다.

역모를 꾸미는 집단이 공공연하게 무술을 연마하는 것이 상식적이지 않다. 그의 죽음도 《선조실록》에는 자살이라 기록되어 있지만 선전관과 진안 현감이 정여립을 살해하고 자살이라 보고했다는 민간의 기록도 있다. 어느 것 하나 명백하게 밝혀진 것이 없는데 인조반정 이후 서인 계열의 노론 벽파의 집권기 내내 그는 복권되지 못했고 이야기해서는 안 되는 금기였다.

완주에 민주공화국의 뿌리가 있다

정여립은 천하는 공공의 것이기에 주인이 없으며, 모든 사람은 평등하다고 주장하였다. 이 사상은 허균에 의해 천하에 두려운 존재는 백성뿐이라는 '호민론(豪民論)'으로 진화하였다. 허균도 역모를 꾀한 혐의로 능지처참 되었다. 이후 정약용은 중국의 탕왕과 무왕이 왕조를 교체한 것처럼 무능한 왕은 혁명을 통해 교체해야 한다고 주장한다.

정여립의 자유, 평등, 대동사상은 동학의 정신과 닿아 있다. 자유와 평등, 박애의 기치를 높이 들고 동학 농민들은 삼례에 모였고, 그들의 정신은 3·1운동으로 계승되었다. 3·1정신에 근거하여 대한민국 임시정부가 수립되었으며, 임시정부의 정통성을 계승한 민주공화국 대한민국이 수립되었다.

민주공화국(民主共和國, Democratic Republic)은 민주주의와 공화제를 모두 다 실시하고 있는 국가이다. 민주(民主)는 주권이 국민에게 있으며 선거를 통해 선출된 사람이 국민을 대신하여 나라를 다스리는 것이다. 공화는 한 사람의 통치에 반대하며 선거를 통해 선출된 대표는 평등한 발언권을 갖는다. 민주주의가 시민 개개인의 권리에 초점을 맞추었다면 공화주의는 공동체의 합의, 공동선(共同善)에 기초한 연대적 가치를 중요하게 여긴다. 민주주의와 공화주의는 상호보완적 관계에 있다.

민주공화국의 이념은 군부독재를 거부하며 광주혁명으로, 촛불혁명으로 이어졌다. 천하는 공공의 것으로 오직 백성만이 두려운 존재이며, 무능한 정권은 백성의 힘으로 교체되어야 한다는 민주공화국의 뿌리가 완주에 있다. 이 아름다운 정신을 기억하고 이어갈 책임이 완주에 사는 우리에게 있다.

단재 신채호는 정여립의 공화주의적 사상을 두고 '동양의 위인'이라 칭송하였고, 역사학자 이이화는 정여립을 "전도된 가치를 바로잡고 불평등과 차별의 세상을 뜯어고치고자 온몸으로 현실에 부딪힌 진보적 지식인이었고, 선진적 사상가였으며, 민중에 토대를 둔 개혁가였다."라고 평가하고 있다. 시대를 앞선 선각자 정여립의 정신이 완주 정신이다. 우리는 정여립, 그를 얼마나 기억하고 있는가?

구진마을 느티나무가 들려주는 웅치전투 이야기

조조선국충간의담

손 안 나

화심순두부로 유명한 소양면 화심리 구진마을에는 300년 된 느티나무가 있다. 마을 이름 '구진'은 九津, 龜津, 求進 등으로 쓰인다. 먼저 구진(求進)은 구할 구, 나아갈 진으로 나가길 구했다는 뜻이다.

최양이 벼슬을 거부하고 자리잡은 구진마을

이성계가 나라를 세우자 고려의 충신들은 낙향해 은둔한다. 이중 소양면 출신의 '만육 최양'이 고향에 내려와 있었다. 최양은 고려 후기 예문관 직제학, 대사간 문하찬성사를 지낸 학문이 높고 성품이 강직하였다.

포은 정몽주가 외삼촌으로 말년에는 봉동 구만리 천내마을에서 이방간과 이웃하며 살았다고 전해진다. 최양은 이성계와 함께 서북면을 정벌한 인연으로 친구처럼 지내던 사이였다. 이성계는 왕위에 오른 후 최양에게 벼슬을 내리고 조정에 들어오길 구하였지만 끝내 거부하였다. 이성계가 최양에게 조정에 나오길 아홉 번 구하였다 하여 마을 이름이 구진(求進)이다.

구진(龜津)은 마을에 거북 모양의 바위가 있어서 불린 이름이고 구진 (九津)은 임진왜란 때 웅치를 넘은 왜군과 의병, 승병, 관군으로 구성된 조선군이 일본군의 공격을 아홉 번 막아냈다고 해서 붙은 이름이다. 마을에 전해지는 이런 이야기가 스토리텔링이다. 오래된 거목이 있는 마을의 이야기를 발굴하여 콘텐츠로 가다듬으면 그게 바로 관광자원이다.

웅치에서 장렬히 전사한 병사들, 조조선국충간의담

최근에 개봉한 '한산'으로 인해 웅치전투가 재조명되고 있다. 웅치전투를 아는 사람보다 모르는 사람이 더 많은 이유는 우리의 역사교육이 중앙중심이기 때문이다. 이순신은 다 알지만, 배워본 적이 없는 웅치전투의 영웅 정담, 변응전, 황진, 황박은 알지 못한다. 누구도 알아주지 않는 웅치전투 이야기를 구진마을의 느티나무에게 들어보자.

일본은 임진왜란 전 100년 동안 춘추전국시대를 지나며 하루도 전쟁 없는 날이 없었다. 일본의 전쟁은 영주의 항복과 할복으로 전쟁이 종결되는 구조이다. 영주가 항복하고 죽으면 가신들은 따라 죽거나 새로운 영주에게 충성하였다. 똑같은 전쟁방식이 조선에도 적용되었다. 왜군은 1592년 4월 동래성에 상륙한 후 조선의 국왕을 잡기 위해 20여 일 만에 한양에 입성하였다. 조선의 국왕을 잡아서 항복을 받고 죽이면 조선을 차지할 수 있다고 생각한 것이다. 조선 국왕을 잡기 위해 왜군은 바람처럼 달려 한양에 도착하였는데 조선의 국왕 선조가 도망을 가버려 잡을 수가 없었다. 전쟁의 첫 단추부터 차질이 발생하였다.

왜군은 한양에 일찍 도착하기 위해 군장을 가볍게 하였다. 필요한 보급은 수군을 통해 받기로 했다. 한양은 한강을 통해 서해로 연결되었기 때

구진마을의 느티나무

문에 수월할 것으로 판단했다. 그런데 수군은 남해에서 이순신에게 막혀 서해는 고사하고 남해에 진입도 못하는 상황이 되었다. 두 번째로 작전에 차질이 생겼다. 임금이 도망갔는데 도망가는 왕을 지키겠다고 전국에서 근왕병이 모이고 향촌의 선비들이 의병장으로 일어섰다. 일본에서는 한 번도 경험한 적이 없는 전혀 예측하지 못한 낯선 상황이 전개되었다.

결국 스스로 보급품을 확보하기 위해 전라도 침공계획을 세우고 전주성을 향해 용인, 청주, 영동을 거쳐 금산으로 내려왔다. 금산 군수 권종을 비롯한 의병과 관군은 금강에 있는 저곡산성에서 최후의 일인까지 모두 순절하고 왜군은 금산성에 무혈입성한다.

금산을 수중에 넣은 왜군은 부대를 둘로 나누어 한 부대는 금산에서 용담을 거쳐 진안의 웅치를 넘고, 다른 한 부대는 금산에서 이치를 넘어 전주에서 만나기로 한다. 그런데 담양에서 일어난 의병장 고경명이 금산성을 공격해 와서 작전이 어긋난다. 고경명을 물리치고 나니 조헌과 영규의

옹치 제1방어진지

옹치 제2방어진지

옹치 제3방어진지

700명 의병으로 연곤평에 진을 쳤다. 전주에 가야 하는데 또 전투를 치러 야 했다. 조선군은 한 명도 피하지 않고 죽을 때까지 싸웠다. 왜군이 전주로 향하지 못하고 금산에서 고전하고 있는 동안 웅치로 떠난 일본군의 여정도 만만치 않았다.

웅치전투 이야기는 진안군 부귀면 세동리에 있는 메타세쿼이아 길에서부터 시작한다. 길 옆으로 흐르는 개울의 본래 이름은 적천(笛川)이었으나 지금은 적래천(敵來川)이라고 부른다. 이 개울을 넘어 적이 쳐들어 왔다는 뜻이다. 이 적래천은 조선군의 해자 역할을 하였다. 웅치전투가 얼마나 치열하였는지 이 개울이 핏물이 되어 진안으로 흘렀다는 이야기가 전해진다.

적래천을 지나 덕봉마을로 들어가면 3개의 방어진지를 알리는 표지판을 만날 수 있다. 제1 방어진은 소정골과 작은여사리에 자리를 잡았고 지휘관은 의병장 황박이였다. 제2 방어진은 큰여사리와 정자골에 진지를 구축하였고, 나주판관 이복남과 해남현감 변응정이 지휘했다. 마지막 제3 방어진인 웅치에는 김제군수 정담이 장졸 500명과 진안 의병 김재민 일가의 식솔 100명을 거느리고 대기하고 있었다.

치열한 접전 끝에 화력과 수의 열세로 제1, 제2 방어진이 무너지고 후퇴를 해야만 하는 상황이 되었다. 김제군수 정담과 진안 의병을 이끌던 김재민은 죽을 각오로 웅치에 남아 백병전을 치르기로 한다. 그 외 장졸은 후퇴하여 후일을 도모하기로 하였다. 죽을 자리임을 알면서도 남았던 김제의 장졸과 진안의 의병들의 심정은 어떠하였을까? 전우를 죽음의 자리에 남겨두고 자리를 떠나야 하는 자들의 마음은 어떠하였을까? 지금 우리는 그들을 기억하고 있는가?

웅치에서 조선군은 한 치의 흐트러짐 없이 적을 맞았고 모두 장렬히 전사하였다. 그들의 충절에 감복한 왜장은 시신을 모아 돌무덤을 만들고 '조조선국충간의담(弔朝鮮國忠肝義膽)'이라는 표목(標木)을 세웠다. 조선국의 충신들을 조문한다는 뜻이다. 완주군은 웅치의 성황당 토양 분석을 통해 조선군 등의 무덤이 존재한 사실을 확인했다. 유적 내 토양을 분석한 결과 총 인과 총 칼슘 함량이 주변 일반토양과 비교해 압도적으로 높게 나타났다. 이는 웅치전투 당시 치열한 전투로 인한 무덤이 있었다는 전승을 입증하는 증거이다. 이를 토대로 웅치전투는 옛 웅치길(현 소양면 신촌리 두목마을과 진안 부귀면 세동리 덕봉마을을 잇는 길)에서 치러졌음을 알 수 있다. 옛 웅치길 주변에는 임란 당시 활용했던 것으로 추정되는 성황당 터와 봉화 터, 진지 터 등이 확인됐다.

죽을 자리에 전우를 남겨 놓고 퇴각하던 해남현감 변응정은 돌돌모퉁이(현 삼중마을 부근)에 휘하 장병 180명과 함께 매복한다. 웅치에서 격전을 치르고 기진맥진 내려오는 왜군의 발목을 잡은 것이다. 변응정과 그의 장병들 역시 이곳에서 장렬히 전사한다. 왜군은 신원리 목왜정이에서 하룻밤을 보내며 전사자를 처리하였다. 일본군은 죽은 장수들의 목을 베어 소금에 담아 일본으로 보냈다. 목왜정이는 목 없는 왜군의 시신이 많아서 붙은 지명이다.

다음날, 구진벌이(현 화심)에는 웅치에서 퇴각한 나주판관 이복남과 송광사의 승병이 지형을 이용해 아홉 번 쳐들어오는 왜군을 아홉 번 막아냈다. 왜군은 목왜정이에서 또 하룻밤을 보내야 했다. 야음을 틈타 이복남은 안덕원으로 후퇴하고 승병은 송광사로 돌아갔다. 다음날 안덕원(현 아중리)에서 왜군은 이정란, 황진 등의 공격을 받고는 패퇴하여 대승골에서 거의 전멸하게 된다.

웅치의 역사를 기억하는 웅치전투 순례길

웅치의 실패로 왜군은 이치를 넘어 다시 전주성을 공격하는데, 이치에는 권율이 황박, 황진 등을 거느리고 있었으며 수적 열세에도 불구하고 대승을 거두었다. 웅치와 이치에서의 승리 덕분에 전주성을 지켜낸 것이다. 전라도가 지켜졌기에 임진왜란 동안 조선이 버틸 수 있었다. 그러나 우리는 웅치전투도 이치전투도 기억하지 못한다. 일제강점기 일본인들은 신촌리에 신작로(곰티로)를 만들었다. 쓰임이 없어진 옛 웅치길은 자연스럽게 사람들의 기억에서 사라졌다. 길이 사라지며 길 위에서 있었던 사건들이 잊혔고, 그 길을 걸었던 사람들도 잊혔다.

성황당 발굴작업을 통해 우리는 전설이 아닌 실제의 웅치전투를 되찾았다. 옛 웅치길을 복원하여 진안 메타세콰이어길에서 완주 화심까지 걸을 수 있도록 길을 다듬어 웅치전투순례길로 만들어야 한다. 만경강사랑지킴이는 완주군 생생문화재 활용사업으로 웅치전투순례를 진행하였다. 아이들과 함께 전적비를 찾아 참배하고 대승한지마

웅치전투 순례길 도중 웅치전적비에서

을에서 거북선 팝업북을 만들고 민요수업을 하면서 웅치전투의 영웅들을 기렸다. 이런 작업이 계속돼야 웅치의 영웅을 기억할 수 있을 것이다.

많은 이들이 아이들과 웅치전투순례길을 걸으며 웅치의 역사를 세포 속에 기억해야 한다. 그래야 웅치의 정신이 완주의 정신으로 피어날 수 있다.

태조 어진을 지키다

김 왕 중

송광사를 지나 위봉사 방향으로 가면 오성마을이 나온다. 본 이름은 외성(外城)마을이었다. 위봉산성 밖에 있는 마을이라는 의미였다. 지금은 오도재마을과 외성마을이 합해져 오성마을로 불린다. 오성마을에서 급커브를 그리며 굽이굽이 돌아서 오르면 위봉산성이 있다. 옛길은 외성마을에서 계곡을 따라 위봉산성 아래쪽에 있었다. 그 길옆에는 팽나무 고목세 그루가 있었고, 그 아래에 쌓여 있는 두 개의 돌무더기를 주민들은 성황당이라고 불렀다. 팽나무가 있던 성황당은 아쉽게도 도로확장을 하면서 사라졌다. 포장도로가 생기기 이전의 일이다.

조선 숙종 때 쌓은 위봉산성

위봉산성(사적 제471호)은 조선 숙종 원년(1675)에 쌓았다. 유사시 경기전에 있는 태조 어진과 조경묘에 있는 조상들 위패를 옮기기 위한 목적이었다. 산성 총 길이는 약 8,539m인데 일부 구간만 복원이 되어 있고, 그 뒤로는 무너진 상태로 보존되어 있다.

성문은 동, 서, 북문이 있었지만, 지금은 전주로 향하는 서쪽에 반월형 석문만 남아 있다. 반월형 석문 위쪽으로 오르면 태조암으로 가는 길이다. 위봉산과 되실봉으로 가는 등산로이기도 하다. 태조암까지는 넓은 길이 있어 가벼운 산행 코스로 이용해도 좋겠다. 위봉산성 서문에서 길을 건너면 성벽을 따라 오르는 길이 있다. 입구 평지 쪽 성벽은 복원이 되어 있지만 오르막이 시작되는 곳부터는 무너진 성벽 모습 그대로 있다. 돌로 쌓은 성벽에는 많은 이야기가 담겨 있다.

성벽이 들려주는 이야기를 들으며 천천히 걸어 올랐다. 오르막은 산 정

위봉산성

상으로 가는 등산로이다. 나무를 이용해 계단길을 만들어 놓았다. 위쪽을 바라보면 가지런히 놓인 나무 계단이 보기 좋다. 주저앉은 옛 성벽은 계단과 거리를 두고 함께 산 위로 향한다. 계단 왼쪽에는 편백숲이 있어 아름다운 계단길이다.

위봉마을 느티나무

위봉마을 풍경이 내려다보이는 곳까지 갔다가 다시 위봉산성으로 내려왔다. 위봉산성에서 도로를 따라 마을로 가면서 왼쪽 언덕을 보면 느티나무가 보인다. 포장도로가 나면서 길이 바뀌었지만 예전에는 주민들이 느티나무를 지나 위봉산성 서문을 통해서 소양면 소재지 방향으로 오갔다.

느티나무가 있는 장소는 고갯마루이면서 바람길이어서 마을 주민들이 모여서 놀았던 곳이다. 큰 나뭇가지에는 그네를 매어 아이들 놀이터 역할을 하기도 했다. 마을 주민들의 사랑을 한 몸에 받던 곳인데, 길이 끊기면서 이제는 아쉽게도 주민

위봉산성 느티나무

들 기억 속에서 멀어졌다. 나무 둘레가 두 사람이 안을 정도이니 수령이 200년은 족히 되어 보인다. 보호수나 노거수로 지정되어 있지 않지만 마을의 역사를 볼 때 충분히 가치를 지니고 있는 나무라고 생각한다.

고개를 넘어가면 위봉마을이다. 위봉마을은 되실봉과 위봉산이 남북으로 둘러싸인 추줄산(崷崒山) 기슭 해발 350m 분지에 있는 마을이다. 마을 연혁은 정확하지 않았지만 숙종 원년(1675)에 위봉산성을 쌓으면서 촌락이 이루어진 기록이 있고, 보물 제608호인 위봉사 보광명전이 17세기에 세워진 것으로 추정하고 있기 때문에 그 시기로 보고 있다.

역사가 깊은 마을이지만 교통이 불편해 낙후되었던 마을이었다. 교통이 좋아지면서 경치가 수려하고 공기가 좋은 마을이라는 것이 알려져 지금은 오히려 전원주택을 꿈꾸는 사람들에게 인기가 있는 곳이 되었다. 마을 전체가 30여 가구인 아담한 마을인데 주민의 절반 정도가 외지에서 들어와 전원주택을 짓고 살고 있다.

200년 이상 된 위봉마을 돌배나무

마을 입구에 있는 교회를 지나 첫 번째 왼쪽 골목을 걷다 보면 돌담에 기대어 있는 돌배나무를 볼 수 있다. 조경학 전문가가 진단한 결과 수령이 200년 이상 된 것으로 보고 있다. 야생 돌배나무가 이렇게 큰 나무는 흔하지 않다.

이 마을에서 60년 이상 살고 있는 주민은 어릴 적 돌배나무가 있는 집에서 살았었는데 그때도 나무가 지금과 비슷한 정도로 컸다고 한다. 줄기를 보면 가지를 잘라낸 상처가 남아 있다. 잘려나간 돌배나무 가지는 곶감을 말리는 감덕이 되었다. 그만큼 큰 나무였다는 의미이다. 돌배나무를

위봉마을 돌배나무

지나 조금 더 마을 안으로 들어가면 조선시대 때 행궁 터가 나온다.

　행궁은 위급한 때에 경기전에 있던 태조 어진을 옮겨 모셨던 곳이다. 실제 동학혁명 때 동학혁명군에 의해 전주성이 함락되자 이곳 행궁으로 태조 어진을 옮기려 했는데 건물이 낡아 위봉사 대웅전에 모셨던 사례가 있다. 마을 중간에 있는 행궁 터는 지금은 빈터로 남아 있다.

위봉마을 거북바위와 소나무

다시 도로 방향으로 나와 내려가다가 두 번째 왼쪽 골목으로 들어섰다. 위봉사로 가는 길이다. 쌍둥이 한옥집을 지나자 논둑에 걸쳐 있는 커다란 바위가 보인다. 마을 사람들은 이 바위를 거북바위라고 부르고 있다. 거북이 모양을 닮았는데 목 부분이 잘린 형상이다. 언제 어떻게 잘렸는지는 정확히 전해지지 않지만 지금부터 100년 이전에 잘렸다고만 전해진다.

거북바위를 지나서 조금만 가면 위봉사 주차장이 나온다. 위봉사 주차장에 도착해서 절 쪽을 바라보면 일주문이 도드라져 보인다. 계단 위에 날렵하게 서 있는 일주문을 지나면 이어서 사천왕문과 누각으로 오르는 계단이 맞이한다. 보물 제608호인 보광명전을 보기 위해서는 계속되는 돌계단을 오르는 수고로움을 감수해야 한다. 누각 아래를 통과해서 계단

위봉사 소나무

을 오르면 드디어 보광명전이 눈에 들어온다. 계단에 가려 있던 보광명전이 눈에 들어오는 순간 새로운 세계로 들어가는 느낌이 전해진다.

절은 화려하지도 않지만 그렇다고 누추한 절 또한 아니다. 위봉사는 언제 찾아도 조용한 절이다. 고즈넉한 분위기가 마음을 편안하게 해준다. 절 마당 가운데에는 큰 소나무 한 그루가 있다. 소나무 멋스러움이 일품이다. 외관이 수려하고, 당당함이 느껴지는 소나무이다. 소나무 크기에는 비할 바 못되지만 보광명전 앞에 있는 배롱나무도 인상적이다. 배롱나무 꽃이 피면 예쁘겠다는 생각이 들었다.

봉강도예

위봉사에서 위봉폭포 방향으로 내려가다 보면 왼쪽에 봉강도예가 있다. 안으로 들어가면 넓은 터가 마치 작은 공원에 들어선 것 같다. 위봉사와 나란히 있어 마치 절의 연장선상에 있는 공간같이 보인다. 입구에 있는 건물은 전시실과 체험 작업실을 겸하고 있다. 전시실에는 작가가 심혈을 기울여 작업한 작품들이 상시 전시되어 있다. 통 유리창을 통해 빛이 가득 들어와 작품들을 밝게 비춘다.

문화재청이 꼽은 명승지, 위봉폭포

봉강도예에서 나와 동상면 방향으로 내려가는 도로를 따라가다 보면 작은 터널을 지난다. 터널을 지나 간이 휴게소 가기 전에 오른쪽 계곡으로 내려가는 계단길이 있다. 위봉폭포 가는 길이다. 위봉폭포는 예부터 완산 8경의 하나로 불리던 곳이다. 그만큼 주변 경관이 아름답다는 얘기다. 2021년에는 위봉폭포 일원이 문화재청으로부터 '명승'지로 지정되었

위봉폭포

다. 다시 한번 그 가치를 인정받은 셈이다.

위봉폭포는 전체 높이가 약 60m 정도인 2단 폭포이다. 숲이 우거진 계절에는 나뭇잎에 가려 폭포 전체 모습 보기가 어렵다. 낙엽이 진 계절에 찾으면 폭포 모습을 선명하게 볼 수 있다. 계단을 한 걸음 한 걸음 내려가면서 조금씩 다른 모습으로 다가오는 폭포를 느껴보는 재미가 있다. 희미하게 보였던 폭포는 다가갈수록 더 또렷해진다. 1단 폭포는 가늘지만 긴 여운을 남기며 떨어진다. 잠시 머물렀던 물줄기는 힘찬 물줄기가 되어 2단 폭포를 이룬다. 도심에서 가까운 곳에 이런 폭포를 가지고 있다는 것이 복이라는 생각이 들었다.

걷기만 해도 기분이 좋아지는 숲길 산책

폭포에서 다시 계단을 통해서 내려갔던 길을 되돌아와 도로를 따라 위봉마을로 오르면 왼쪽에 '위봉산성체험센터'가 나온다. 체험장 주차장에서 체험장 뒤편 숲길로 들어섰다. 위봉마을은 높은 위치에 있으면서 산으로 둘러싸여 마을에 들어서면 공기가 좋다는 것을 느낄 수 있는데, 숲길로 들어서면 그 상쾌함은 배가 된다.

숲 향기 그윽한 숲길을 천천히 걷는 것만으로도 쌓였던 피로가 해소되는 기분이다. 여름 숲길을 걸으면 다양한 식물을 만나게 된다. 바위 위쪽에는 노란 원추리꽃이 보이고, 계곡 쪽에는 주황색 원추리꽃이 있다. 길가에는 철 지난 싸리꽃이 살짝 모습을 보여주기도 한다. 여름 숲의 전형적인 풍경이다. 숲길은 길지 않아 반 시간 정도면 걸을 수 있다. 숲길 끝에 위봉산성이 보인다.

마로니에나무가 들려주는 송광사 이야기

불교와 천주교의 만남

김 왕 중

송광사 벚나무 터널

완주군 소양면 소재지를 지나 송광사 방향으로 가다 보면 벚나무 터널을 지난다. 매년 봄 벚꽃이 필 때면 이곳을 지나는 사람들의 발걸음을 멈추게 하는 곳이다. 요즘은 주변에 벚나무를 많이 심어 주위에서 벚꽃을 쉽게 볼 수는 있지만, 그래도 완주에서 벚꽃 하면 송광사 벚꽃터널이 가장 아름다운 곳으로 손꼽힌다.

송광사 벚꽃터널은 완주군 소양면 죽절리 마수교에서 대흥리까지 약 2㎞ 구간에 40년생 벚나무로 이루어진 꽃길이다. 벚꽃이 활짝 피면 송광사 벚꽃터널은 장관을 이룬다. 이 벚꽃터널은 누구와 함께 걸어도 기분 좋은 길이다. 오랫동안 같이 걷고 싶은 그런 길 말이다. 매년 봄이 오면 잊지 않고 한 번쯤은 다녀가고 싶은 곳이다.

벚나무 터널 옆으로 흐르는 물길을 거슬러 올라가면 길은 마을을 가로질러 지난다. 마을을 구성하고 있는 집들이 물길을 따라 도란도란 늘어서 있다. 마을 주변에서 고인돌이 발견되는 것을 보면 최소한 청동기시대부

송광사 벚꽃터널

터 사람들이 들어와 살았던 것으로 보인다. 시간이 흐르면서 개발과 현대
화 바람이 스쳐 지나가면서 마을 분위기가 많이 바뀌었지만 골목골목에
는 아직도 오래된 마을에서 느낄 수 있는 독특한 기운이 전해진다.

　송광사로 들어가는 다리를 건너면 그 느낌은 더욱 강해진다. 입구에 줄
지어 있는 느티나무 군락이 예사롭지 않기 때문이다. 나무 수령을 보면
절의 오랜 역사를 대변할 수 있는 정도는 아니지만 절과 함께한 시간이
몇 백 년은 충분히 되어 보인다. 나무 아래에 서면 시원하기 그지없다. 느
티나무가 살아온 세월만큼이나 넓게 그늘을 드리웠고, 산에서 불어오는
바람이 지나는 길이기 때문이다. 더운 날에는 이곳에서 잠시 쉬었다 가도
좋겠다.

일자형 배치로 지은 송광사

느티나무 군락을 지나면 송광사로 들어가는 일주문이 나온다. 일주문은 절 입구에 있는 문으로 절로 들어섰음을 알려주는 문이다. 기둥 하나로 된 문이 아니라 기둥이 한 줄로 나란히 되어 있다는 것을 의미한다. 일반적으로 일주문에는 문이 달려 있지 않다. 물론 담장도 없다. 굳이 속(俗)과 성(聖)을 구분하지 않으려는 의도가 담겨 있기 때문이다. 옛 송광사 일주문도 몇 ㎞ 바깥에 있었다고 전해진다. 그 규모 또한 대단했었다. 그때에 비하면 지금은 규모가 많이 줄었지만 당당함은 여전하다.

송광사는 마을 인근 평지에 자리 잡았다. 평지 가람 문 배치에서 나타나는 특징 중의 하나가 일자형 배치이다. 송광사 역시 일주문과 금강문, 천왕문, 대웅전이 일자로 이어진다. 일주문에서 바라보면 그 끝에 대웅전이 보이니, 일주문 앞에 서는 순간 짜릿함이 전해지는 풍경이다.

일주문을 통해 살짝 안으로 들어서면 오른쪽에는 찻집이 있다. 고즈넉한 절 풍경과 잘 어울리는 찻집이다. 찻집 앞에 걸려 있는 화분이 운치를 더해준다. 크게 기교를 부리지 않았지만 화분이 있는 것만으로도 충분히 아름다운 풍경이 되었다. 금강문을 지나 천왕문에 서면 대웅전이 정면 가까이 다가온다. 천왕문 안에서 바라보는 대웅전 주변 풍경에서 계절을 느낀다. 봄에 보았을 때 은은함을 느꼈다면 여름은 무성함이다. 강한 기운을 받고 싶다면 여름이 적기이다.

송광사 마로니에

대웅전 앞마당에 들어서면 왼쪽 종루가 눈길을 끈다. 어느 절이나 종각이나 종루가 있지만 송광사 종루는 범상치 않다. 건물 구조가 특이하게

아(亞) 자형으로 되어 있다. 아자형 건물의 경우 화려한 대신 지붕 처리가 어려워 일반적으로 잘 사용하지 않았다. 건축물 유적 중에 창덕궁 부용정이나 수원 화성 방화수류정 등에서나 볼 수 있는 구조이다. 그런 건축의 역사적 가치를 인정받아 보물 제1244호로 지정되었다.

범종루를 지나 대웅전으로 향하면서 옛 기억 하나를 떠올렸다. 대학 졸업반 초가을로 기억한다. 한창 취업 준비로 스트레스를 많이 받고 있던 때였다. 오전 강의를 마치고 분위기 전환을 위해 친구 두 명과 함께 전주에서 시내버스를 타고 소양면 화심을 찾았다. 시내버스는 먼지가 폴폴 날리던 비포장도로를 달려 화심 종점에 섰다. 우리는 종점에 내려 상점 안마당으로 들어갔다. 순두부에 막걸리 한 잔으로 점심을 해결하고, 그다음에 찾아간 곳이 송광사였다.

대웅전 앞마당에는 키가 큰 마로니에 나무가 있었다. 노래 가사에 있어이름만 알고 있던 나무를 그때 처음 보았던 것이다. 신기하기도 했고, 흐뭇

송광사 종루

하기도 했다. 그때 주워온 마로니에 나뭇잎 하나가 지금도 앨범 속에 그대로 꽂혀 있다.

송광사 마로니에나무

아쉽지만 그 마로니에를 지금은 볼 수 없다. 예전에는 몰랐었는데 마로니에는 사연이 있는 나무였다. 그 이야기의 시작은 천주교 박해시기로 거슬러 올라간다.

천주교 박해가 심해지자 신도들은 박해를 피해 산골로 숨어들었다. 외지에서 사람들이 찾아오면서 완주 산골 곳곳에는 천주교 교우촌들이 생겨났다. 그때 천주교 신도 일부는 송광사에 숨어 지냈다. 그런 인연으로 프랑스 선교사가 감사의 의미를 담아 대웅전 가까운 곳에 마로니에를 심었다.

마로니에는 불교와 천주교의 화합을 상징하면서 200년이 넘는 시간 동안 그 자리를 지켜왔다. 하지만 마로니에 뿌리가 대웅전 아래로 뻗어 건물이 무너질 위험이 있어 어쩔 수 없이 나무를 제거해야만 했다. 대신 절 입구 화단에 마로니에를 기념식수해서 두 종교의 화합의 정신은 이어가고 있다. 비록 지금은 평범한 나무겠지만 무럭무럭 자라서 언젠가 누군가에게 또 다른 추억을 선물할 것이다.

여름 송광사를 더 환하게 만드는 연꽃

대웅전을 돌아보고 연지(蓮池) 있는 곳으로 발길을 옮겼다. 여름 송광사에서 자랑하는 것 중의 하나가 연꽃이다. 평지 가람인 덕분에 넓은 연지를 가지고 있어 여름마다 송광사를 아름답게 장식한다. 이 시기 송광사를 찾게 되면 연지 주변에서 서성이면서 보내는 시간이 길어진다. 그만큼 연지가 아름답다는 의미겠다.

연지에는 홍련과 백련이 영역을 구분해서 나누어져 있다. 홍련은 우아함과 화사함이 매력이다. 살짝 이슬을 머금고 있는 꽃은 촉촉한 느낌이 더해져 더 보기 좋다. 백련은 깔끔함이 장점이다. 절제의 미이다. 깔끔함 하나만으로도 충분히 아름다운 꽃이다. 굳이 화장을 하지 않아도 꿀벌들에게 인기가 많다. 활짝 핀 백련 주변으로 꿀벌들이 모여드는 모습을 쉽게 볼 수 있다. 연지에는 관심거리가 참으로 많다.

홍련, 백련, 꽃봉오리, 잎, 꿀벌, 실잠자리 등등… 송광사 예쁜 연꽃을 보려면 아침 일찍 찾아야 한다는 것은 잘 알려진 비밀이다. 연지를 뒤로 하고 나오면서 대웅전 방향을 뒤돌아 바라보았다. 학생 시절에 보았던 마로니에 기억이 아스라이 떠올랐다.

송광사 연꽃

• 원구억 마을 숲이 들려주는 명창 이야기
국창 비가비, 권삼득

• 용교마을 느티나무가 들려주는 원예농업 이야기
완주 원예농업의 시작

원구억 마을 숲이 들려주는 명창 이야기

국창 비가비, 권삼득

이 호 연

용진 소재지에서 소양가는 길은 당초에는 1차선 편도 남짓한 작은 도로이었으나 용진 소양간 도로가 정비되고 포장되면서 길이 넓어졌고 차량 소통이 많아 사람이 걷기에는 어려워졌다. 마을 입구에 들어서면 용진 서원의 안내판이 있으며 황희 선생이 계신 곳이라 표시되어 있다. 우측에는 300여 년 된 울창한 나무들이 20여 그루 조성되어 줄지어 서 있다.

1960년대에는 제방을 따라 포플러가 반듯하게 줄지어 서 있었는데 이용도가 적고 키가 커 농작물에 그늘을 준다며 한그루씩 베기 시작하여 지금은 한그루도 없다. 숲이 조성된 느티나무와 귀목 한그루는 권씨 들이 이곳에 둥지를 틀며 방풍림으로 심었다는 마을 사람들의 이야기이다.

본래 마을 어귀까지는 군산에서 새우젓과 소금을 실은 배들이 들어왔었고 마을 건너편에는 배를 메어 둔 곳이라 하여 배메실(현재는 배미실이라 부름)이란 마을이 있다. 마을 뒤쪽에는 나지막하고 기다란 산이 있는데 산허리 가장자리에 용진서원이 있으며 서원 앞에까지 물길이 있어서 배를 이용하였다 한다.

마을보호수

　용진(龍進)의 진(進)은 나갈 진(進) 자(字)인데 용진(龍津)서원의 진(津)은 나루 진(津) 자로 당시의 상황을 말해주고 있다. 용진서원은 1680년(숙종 6)에 조선 초 청백리 황희와 조선전기 문신 황수신 조선중기 김맹. 이익을 배향하기 위해 세워진 역사 깊은 서원이다. 마을의 인물로는 국창 권삼득이 있다. 안동권씨 입향시조는 권대언이고 그는 덕산 현감을 지낸 황봉조의 사위로 이곳에 터를 잡았다.

　마을 중간에는 소양천과 용교에서 흐르는 물줄기를 따라 작은 다리가 하나 있고 그 옆에는 물을 품기 위한 관정이 하나 있는데 이곳이 옛날에 물레방앗간 자리이다. 사계절 내려오는 물을 이용하여 물레방아를 운

용진서원

영하곤 하였는데 당시에는 90kg 한 가마의 쌀을 빻는 데는 한 납데기 반(한납데기는 2되이고 1되는 2L 한 말은 9되)을 삯으로 받았다 한다.

1966년도까지 운영해오다가 인근에 동력을 이용한 방앗간이 생기면서 폐쇄하였다. 벼를 담아 빻는 용기 틀을 '학'이라 하는데 어찌나 크고 단단하던지 수십 년간 사용했던 귀한 보물인데 지금까지 보관하지 못했음을 아쉬워하는 당시 소유자의 둘째 아들인 권진택 씨의 말이다.

조선 정조~ 순조 때 이름 떨친 국창 권삼득

원구억(元九億) 마을은 원래 황씨의 집성촌이었고 권씨들은 취객이었다. 권삼득은 양반 출신으로 명창이 된 비가비이다. 비가비는 전문적인 광대가 아니면서 판소리에 능하여 광대처럼 행세하던 사람을 이르는 말이다.

권삼득(權三得, 1771~1841)은 본관이 안동이고 조선 정조. 순조 때 활약한 판소리 명창 8명 중의 한 사람이다. 용진읍 구억리에서 안동권씨 추밀공파 28세손 권래언의 둘째 아들로 이름은 권정(權琔)이며 자는 사인(士人)이고 호가 삼득(三得)이다. 삼득(三得)은 새, 짐승, 사람의 세 소리를 터득했기 때문에 혹은 천지인 곧 하늘. 땅. 사람 세 가지 소리를 터득하였다 하여 붙여진 이름이다.

명창 권삼득은 용진읍 구억리에서 매미 혈에 할아버지의 묫자리를 써서 명기를 타고났다고 전해진다. 권삼득의 기행 때문에 고초를 겪은 권삼득 부인이 유언으로 할아버지 묫자리를 옮기라고 하였고, 후손들이 할아버지 권세진의 묫자리를 정상 아래로 옮기자 집안에서 명창이 태어나지 않았다고 한다. 매미혈의 명기를 타고난 권삼득은 '덜렁제'라는 창법을 개발해 높은 음과 낮은 음을 자유자재로 표현하여 그 천품의 고운 목청을 듣는 사람의 정신을 혼미하게 하였다고 전해진다.

권삼득 생가

권삼득 묘역

특이한 내력을 가진 소리꾼이었기 때문에 권삼득과 관련된 설화도 많다. 설화 중 대표적인 것은 양반이 소리를 한다고 가문에서 죽임을 당할 뻔하다가 소리 실력 때문에 살아난 이야기다.

당시 양반이 소리를 하고 다니는 것은 가문의 수치였다. 그래서 권삼득의 아버지는 소리를 못 하게 하였으나 권삼득이 끝내 뜻을 굽히지 않자 마침내 가문에서 그를 죽이기로 하였는데 삼득이 태연히 마지막으로 노래 한 곡조를 부르고 죽겠다고 하였다. 좌우에 있던 사람들이 그 소원을 들어주기로 하였더니 권삼득이 노래를 불렀는데 그 노래를 들은 사람들이 감동하여 죽이지는 않고 족보에서 이름을 빼고 쫓아냈다는 이야기가 조선 창극사에 전한다.

권삼득의 사후에 관한 이야기도 있다. 권삼득이 죽어 안장하고 난 3일 후부터 밤 삼경 때면 무덤이 있

소리굴

는 산에서 분명한 권삼득 소리가 들렸고 한바탕 소리가 끝나면 권삼득은 "내 소리 받아 가거라"라는 소리가 났다고 한다. 사람들은 무덤 오른쪽 앞에는 조그마한 구멍이 하나 있는데 이 구멍에서 소리가 났다고 하여 소리굴이라고 한다.

그러나 2003년 묘역을 정비하면서 권삼득과 부인을 합장하고 봉분을 크게 만들기 위해 위치를 옮겼기 때문에 그 소리 구멍은 이제 사라졌다. 후손들은 마을을 떠나 전주시와 익산에 살고 있으며 국창 권삼득을 추모하는 국창대회가 1년에 한 번씩 열리기도 한다.

열성공 부조묘 중수기

마을 안길을 따라 권삼득 생가를 지나면 붉은색으로 단장된 열녀비와 사당이 있다. 역사 속의 품위를 지키며 보여주기에는 너무도 주변이 열악하다. 입구에는 사람보다 더 큰 키의 갈대와 잡풀이 자라 손으로 헤치며 들어가야 했다. 장수 황씨의 시조는 황경이며 중시조는 조선시대 종1품격인 숭록대부겸 영의정을 18년간 재위한 황희 정승이다. 이곳은 황희

정승의 셋째 아들 열성공 황수신의 위패를 모신 묘(廟)이다. 주위에는 특별한 안내판이나 표시가 없어 부득이 와비에 새겨진 중수기와 동네 분들의 이야기를 들어본다.

열성공(1407~1468)은 문무를 겸한 인재로서 영상에 올라 높은 훈공과 나라에 큰 업적을 남기어 태상(太常) 기록되었으며 공은 좌익공신으로 나라에서 재정을 부담하여 용진에 묘(廟)를 조성하게 되었다.

본래는 경기도 고양군의 묘소 옆에 있어 전국 각지의 후손들이 봉제사를 지냈으나 용진은 본관의 향리요 선조들의 덕업을 자랑스럽게 여기고자 장수황씨 종친회 황의두 회장 외 종원들이 뜻을 모아 2013년 9월에 장수황씨 열성공 부조묘라 이름하고 사당을 다시 짓고 관리하고 있다. 사당을 건립할 당시에는 종원들이 숭조(崇祖)하는 마음이 한결같았겠지만, 세월의 흐름과 조상을 숭배하는 정성이 부족함이었는지 관리가 미흡하다. 지방문화재 지정 등 근본적인 대책이 필요해 보인다.

정부인 안동김씨 정려문

열성묘 바로 옆에는 정려문 비각이 하나 있는데 정려문은 조선시대 충신이나 효자. 열녀들을 표창하기 위해 임금이 지정하고 그 집 앞에 얼을 상기한 뜻을 지닌 표상이다. 정부인 안동김씨 남편의 자는 성원이고 호는 수옹(睡翁) 시호는 문절공이다. 열성공 5대손으로 명종 8년(1553)에 태어난 그는 임진년에 호성공신 가선대부 이조 참판에 추증되었다.

임진왜란을 당하여 정부인이 왜군에게 손목을 잡히자 더러운 손으로 부인을 만졌다 하여 큰소리로 왜적을 꾸짖으며 품고 있던 장도로 손목을 자르고 1592년 7월에 장렬히 자결하였다. 당시 조선의 여인상으로는 추앙받음이 마땅하여 나라에서는 정려문을 내리고 정부인의 품을 안겨 주었다.

지금에 와서는 상상도 못 할 여인의 절규를 우리는 본받아야 할 것이며 윤리와 도덕이 해이해져 가는 이 마당에 모두가 자성해야 한다. 정려문 주변의 우거진 잡초와 비문 앞에는 언제 죽었을지도 모를 조그만 동물의 마른 사체가 방치되어 있어 틈새로 막대기를 넣어 치우려 하였지만 불가능하였다. 완주 용진에 정려문이 설치되어 있으나 이처럼 허술한 관리에 안타까운 마음과 이제라도 누군가 관리를 잘하여 정려문을 자랑스럽게 여기는 계기가 되길 바란다.

늦기 전에 보호수 관리해야

얼마 전 전주시 완산구 삼천동의 250년 된 곰솔(천연기념물 제355호)이 죽었다. 뜻있는 시민들이나 학계, 언론 등에서 안타까워하며 전주시의 무능을 지적한 바 있다. 나무의 죽음은 자연사가 아니라 주변의 지주들이 재산권 침해에 앙심을 품고 약품으로 고사시킨 것으로 경찰은 추정하고 있다.

완주군에는 몇백 년 된 보호수와 문화적 가치가 있는 유물들이 있다. 나무는 늙으면 하루아침에 금방 고사하지 않고 서서히 아픔을 표시하며 죽어간다. 눈앞에 보이는 전시 행정적인 일도 많지만, 지금이라도 체계적으로 잘 관리하여 유형문화재나 천연기념물처럼 보존해야 한다. 나무가 살아 있는 동안이라야 솔솔 나무에 얽힌 이야기가 계속될 수 있다. 수백 년이 된 나무가 병들어 시들어지면 살리기가 힘들다. 어려운 처지에 놓이기 전에 체계적인 관리가 이루어지길 기대해 본다.

용교마을 느티나무가 들려주는 원예농업 이야기

완주 원예농업의 시작

이 호 연

거목(巨木)이 있는 용교마을은 뒷산이 용의 모양을 하고 있고, 집집이 소양천에 작은 다리들을 놓아 건너다녔다고 하여 용교마을이라 불렀다. 또 오래된 마을에서 소양천에 전주로 가는 놋다리를 놓았는데 그것을 용의 다리라고 해 용교라 부른다는 이야기도 있다. 용교는 '미나다리'라고 부르기도 한다. 용의 순수 국어는 '미르', '미리'이지만 '미나' 혹은 '미네'로 변한 말이고 '다리'는 고대 지명에 있어서 '들'이라는 말이다. 미나다리는 용들이라는 의미이다. 또한 용교마을에는 '복구석'이는 지명이 있는데, 개가 엎드린 형상의 바위가 있기 때문이다.

800년 된 고목이 있는 용교마을

용교마을의 보호수(고유번호 9-6-3-1)로 지정된 느티나무는 약 수령이 800년 된 고목이며 보호수 옆에 있는 정자는 최근에 지어진 것이다. 뒷산에는 '돌박제'라는 고인돌 3기가 있는데 가로, 세로 2m에 달하는 넓은 바위로 용교마을의 구릉지대로 조성되어 있으며 전북대학교 박물관의

용교마을에서 만나는 거목

조사결과 고인돌은 모두 덮개돌 아래의 받침돌이 확인되는 전형적인 바둑판식 고인돌로 확인되었다. 그러나 최근 인근에 고속도로가 생기면서 개발과 함께 고인돌이 있던 토지의 주인이 바뀌면서 그만 훼손되었다.

이 고인돌은 서너 명이 올라가 놀기도 하고 뛰어내리는 연습도 하며 놀았었다는 강찬규(87세) 어르신의 이야기를 듣고 고인돌의 위치를 찾아봤지만 산 위에는 대추나무와 배추 등 농작물이 심겨 있었고 모퉁이에는 커다란 굴착기가 자리 잡고 있었다. 한참 동안 숲을 헤치며 오가는 동안 고인돌은 찾을 수 없었으나 무성한 숲속에 받침대로 보이는 돌덩이를 보았을 뿐이다. 고인돌이 사라진 것은 안타까운 일이다. 표지판이라도 하나 세웠다면 이런 일은 없었을 텐데 하는 마음이 들었다.

마을의 느티나무 주변에는 소양천에서 나오는 실개천 농업용수로가 사계절 흐르고 있어 나무가 자라는 데 좋은 환경이다. 그러나 워낙 오래된 고목이다 보니 굵게 뻗은 4개의 가지는 철제 지지대를 설치해 주어 보호하고 있다. 나무의 크기나 수령은 오래되었지만 다른 마을처럼 당산제나 다른 특이한 전설이 없는 것은 대부분이 기독교인 주민들의 종교적인 특성인 듯하다는 강장신(54) 씨의 귀띔이다. 다만 동네 한가운데에 자리 잡고 있어서 무더운 여름철이면 나무 밑 그늘로 동네 사람들의 쉼터의 역할을 하고 있다.

느티나무는 동틀 무렵은 큰 나뭇가지 사이로 햇살이 비추어 '빛내림' 사진을 찍기엔 그만이다. 야간 촬영 중에는 나무뿌리 언저리에 두꺼비 한 마리가 밝은 플래시 불빛에 눈을 껌벅이고 있었다. "두꺼비, 잠자는데 깨워서 미안해"라고 양해를 구했다. 나무 사이 그늘이 적을 때 촬영을 나갔

두꺼비

거목 아래에서의 수담

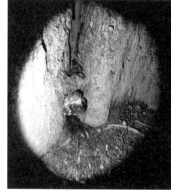

을 때는 동네의 최고 어르신 오원배(92세) 님이 나오셔서 옛날에는 정자나무 아래서 바둑, 장기를 두곤 하였는데 지금은 그런 게 없다며 직접 바둑 두는 모습을 연출해 주어 사진을 찍을 수 있었다.

나무 주변 골목길에는 담장 밑에 봉선화 등 꽃들이 심겨 있어 아름답고 나무 곁 작은 농수로에는 거위가 살고 있어 위아래를 번갈아 다니며 놀고 있다. 권삼득이 살았던 그 시절 더위를 식히기 위해서 동네 사람들이 모여 앉아 놀고 있을 때 혹시 권삼득이 지나가다 '쑥대머리'라도 한 곡 불러주지 않았는지 나무에 귀를 대고 물어본다.

옛 용진읍 소재지였던 상삼마을

상삼마을의 이름을 가지게 된 유래는 옛날에 역참이 사는 위쪽으로 3리 밖에 있는 마을로 상삼(上三)이라 불렀다 하며 1950년대까지는 이곳이 용진면 소재지였다. 지금의 성결교회 자리가 면사무소 건물이었고 그 인근에 지서가 있었다.

1954년 면의원이 운영되던 시절 면사무소 이전에 관한 의안이 상정되어 찬반 투표 결과 동수가 나왔다. 당시 의장은 정영조로, 동수일 때에는 의장은 2표를 행사하는 제도가 있어서 의장의 직권으로 지금의 소재지로 옮기게 되었다. 지서 옆에는 크나큰 둥구나무 한그루가 있었는데 여름에는 고양이가 옷을 입고 나무 위에 올라가 야옹거리며 놀고 있어서 고양이나무라 불렀다.

상삼마을은 원래 150여 가구가 형성되어 살고 있었는데 소재지가 옮길 무렵 소양천의 작은 개울(옛 농협창고 부근)을 두고 전 상삼과 후 상삼으로 나뉘었다. 마을에는 산이 없고 사철 소양천에서 흐르는 냇물이 있어 벼농사는 물론 원예작물을 재배하기 적합한 마을이다. 인근 하이 마을과 더불어 시설채소 재배 기술이 발달하여 잎채소류를 많이 생산한다. 주 작목으로는 상추, 치커리 등을 생산하는데 품질이 우수하여 광주나 서울의 농협 공판장에서 인기리에 판매되고 있다.

지금의 다리가 세워지기 전에는 손수레에 배추를 싣고 냇가를 건너다 물에 떠내려가 혼쭐났었다는 서병석(1941년생) 씨의 이야기이다. 1968년에 시집와 마을에서 22년간 부녀회장 일을 봤다는 송정임(1948년생) 씨는 1970년대 초에는 마을의 상수도 시설이 없고 곳곳마다 우물이 있었는데 여름철에는 두레박에 음식을 담아 우물에 넣고 줄다리며 살아왔었다고 한다.

1929년 용진공립보통학교가 세워졌는데 이를 기념하기 위하여 마을 주민이 학교 정문 옆에 느티나무를 하나 심었고 건강하게 잘 자라 지금은 주민의 쉼터로 활용하고 있다. 학교까지 오가는 시간이 2시간이나 걸리는 간중리 학생들은 마라톤을 잘하였고 학교 주변 아이들은 축구 놀이를 잘하였다. 마을 앞 소양천은 물을 마음대로 사용할 수 있어 편리함도 있지만, 홍수가 지면 마을을 덮쳐 가끔 피해를 주는 일도 있었다. 하천의 큰 둑이 터져 강물이 범람할 때면 동네에서는 징과 꽹과리를 치며 마을 주민을 대피시키곤 하였다.

1970년대 전국적으로 불어닥친 새마을 사업으로 중장비를 동원하고 주민들이 협심하여 제방을 크게 쌓고 마을 안길을 정비하고 난 지금에는 도시가 가깝고 재배한 농산물 판로에도 편리해 주민 모두가 잘살고 있는 편이다. 근래에는 이러한 주거 환경이 좋아짐에 따라 귀농. 귀촌하는 가구가 늘어난다고 한다.

시설원예의 선구자 하이마을

원구역에서 용교마을 쪽으로 500여m 가게 되면 가게 되면 하이(下二) 마을이다. 도로가에는 상추와 쑥갓 등 잎채소류를 담은 골판지 상자들이 트럭에 상차를 위해 기다리고 있었고 버스 승강장의 대기실 의자에도 빽빽이 쌓여 있었다. 4kg 상추 1상자가 값이 쌀 적에는 1천 원 남짓하다가도 비쌀 때는 8만 원까지 올라가 금추라고 불렀으며 삼겹살로 상추를 싸먹는다는 우스갯소리도 있다.

오늘날 이처럼 하우스 대단위 시설을 이용하여 발전하기까지는 마을 지도자 황세연(94세) 씨의 공이 크다. 1960년 초 배수시설이 좋고 사질 토질의 양호한 이점을 살리어 소득을 올려보자는 데 착안하여 대나무를 휘고 창호지에 콩기름을 발라 소형 하우스를 지었다. 하우스에서 잎채소류를 시험 재배한 결과 성공한 것이 근대농업을 일깨우는 계기가 되었고, 주키니 호박을 대단위로 재배하여 전주는 물론 수도권 시장까지 이름을 알리게 되었다. 때로는 과잉 생산이 되어 제값을 못 받을 지경에는 삼례, 봉동, 용진, 팔복, 서신 등 시설원예 단지의 대표를 만나 작목반을 구성해 출하량을 조절함으로써 생산가격 유지시켰으며 늘 새로운 농법을 연구하여 농가에 보급했다. 물론 이러기까지는 농산물 유통을 전담하고 관리하는 농협에서의 자금지원과 판로확보 등 전적인 지원이 있었다.

1970년 새마을사업이 한창일 때는 새마을사업 전국 평가에서 1위를 차지한 하이마을은 명성을 얻게 되었고 당시 황세연 지도자는 중앙새마을연수원에 가서 성공사례를 발표하기도 하였다. 전국 농촌의 모범사례이었던 하이마을은 농촌인구의 고령화와 도시 근교로서 산업구조의 변화로 차츰 면적이 줄어들어 옛날 같지 않게 되었다.

하이마을

  마을의 성공사례에 관한 이야기를 듣고 지난날 머리를 맞대고 의논하
던 추억을 살리고자 방문하였지만, 황세연 지도자가 고령이니 장시간 자
리를 맞댈 수가 없었다. 거실 벽의 한쪽에는 당시 유창신 국무총리가 하
이마을을 방문하여(1974년) 황세연 씨가 현황설명을 하는 빛바랜 사진
한 장이 걸려 있었다. 정신만큼은 또렷한 터라 한때 하이마을이 '모스크
바'라는 악명을 받았었다는 이야기를 해주셨다. 모스크바란 좌익이 물들
어 있는 마을이나 지역을 비하하여 부르는 말이었다.

  1950년대 한국전쟁이 끝날 무렵 미국의 원조 구호물품을 나누어 주는
과정에서 면장이 구호물품을 빼돌려 주민들이 받지 못한 일이 있었다. 이
때 하이 주민들이 집단으로 찾아가 항의하자 곤경에 처한 공무원들이 주

민들을 빨치산, 공산당이라고 소문을 퍼트렸다. 미운털이 박힌 하이마을은 한때 고립되다시피 해서 어려운 때가 있었다고 한다.

인기 높은 용진의 시설 시설원예 농산물

용진은 전체적으로 비산비야(非山非野)[1]지역이면서도 비교적 수리 시설이 잘되어 있어 미맥(米麥)[2] 위주의 농업이 주종을 이루고 있었지만 1960년대 말부터 도시 근교의 이점을 살리어 시설원예를 시작하게 되었고 구억. 상삼리는 소양천의 물길이 좋고 토질이 사질양토로 물을 대고 빠짐이 편리하여 비닐하우스를 이용한 특수 원예농법으로 호박·상추·쑥갓 등을 재배하여 고소득을 올릴 수 있었다.

1970년쯤 하이마을에서 생산되는 주키니 호박이 서울의 용산. 청량리. 가락동 시장에서 인기리에 판매되기도 하였다. 용진 소재지와 설경마을을 기점으로 앞리와 뒷리로 구분되는데 앞리 쪽의 상삼·구억리에서 시설채소가 생산되는가 하면 뒷리 쪽인 용흥·상운·간중·신지·운곡리에서는 밭 채소인 배추와 무, 수박. 참외와 복숭아를 재배 생산한다.

1975년대에는 수박, 참외의 생산량이 얼마나 많았던지 지금의 용진 소재지 근처 소양천 냇가에서 임시 경매장을 설치 운영하기도 하였다. 임시 경매장은 7~8월 성수기에 한시적으로 운영되었지만, 당시에는 운반구가 적어 경운기는 마을당 1대 정도이었고 대부분 소 구루마로 운반하였음을 김석철(81세) 정회방(82세) 씨의 증언으로 알 수 있다. 또한 용진

---

1) 산도 아니고 들도 아닌 땅
2) 쌀과 보리

농협에서는 고추와 수박을 생산하기 위한 육묘은행을 운영하기도 했다.

육묘은행은 아프리카산 야생 박 씨에다 수박을 접목하는 방식인데 먼저 박 씨의 싹을 틔워 떡잎이 두 개 나오면 순을 자르고 Y자로 쪼갠 후 그 틈새에 수박 묘의 대목을 송곳 끝 모양으로 잘라 접목하여 실로 동여매면 3~4일이면 활착이 되어 건강한 수박 묘가 된다. 아프리카산 야생 박은 가뭄이나 병충해에 아주 강해 좋은 수박 묘를 생산하여 전국 최초로 농가에 보급하였다.

이처럼 용진은 일찍이 시설채소 재배기술이 높았던 탓인지 원구억, 하이, 상삼마을을 주축으로 지역에서 생산되는 신선한 채소를 용진농협의 로컬푸드 매장을 통하여 소비자와 생산자를 직접 연결해 주고 있다. 600여 농가가 참여하며 우수 농산물 생산과 저농약 사용에 대한 소정의 교육을 마친 후 참여하게 되는데 진열 후 1~2일 지나면 수거해야 하는 까다로운 조건이지만 소비자로서는 저렴한 가격에 신선도가 높아 1일 평균 1,500여 명이 이용하여 연간 매출이 120억 정도이다. 로컬푸드 전국 1호 점으로 성공해 전국 타 지자체의 벤치마킹 장소이기도 하다.

11 운주

• 안심골 소나무가 들려주는 안심사 이야기

열반성지 안심입명처

안심골 소나무가 들려주는 안심사 이야기

열반성지 안심입명처

손 안 나

운주면은 백제의 지벌지현(只伐只縣 또는 只夫只縣)이었는데, 신라 경덕왕 때 운제현이 되었다. 지벌지는 '대촌(大村)'이라는 뜻이다. 고려 현종 때에는 전주에 속하였다가 조선 태조 때 고산현(高山縣)이 되었다. 조선 전기 운제에는 운동(雲東)·운서(雲西)·운북(雲北)의 3개 면이 있었고 조선 후기에는 운동상면, 운동하면, 운서상면, 운서하면, 운북면으로 나뉜다.

운동면이 운동상면과 운동하면으로 나뉘는데 운주고개 위쪽이면 운동상면, 운주고개 아래쪽이면 운동하면이다. 조선시대에는 전주에서 고산을 거쳐 은진으로 가는 교통로와 호남평야와 진안고원(鎭安高原)을 잇는 교통로가 이곳에서 만났다. 운제현의 운동지역이 현재의 운주면으로 면소재지인 장선리를 비롯해 완창리, 구제리, 고당리, 금당리, 산북리 등 6개 법정리가 있다.

2018년 현재 운주면에는 3그루의 보호수가 있는데 산북리와 장선리에는 느티나무가, 금당리에는 소나무가 있다. 산북리 느티나무는 약 500세이고, 금당리 소나무가 400세, 장선리 중촌마을의 느티나무가 300세이

다. 장선리 느티나무는 정월대보름과 칠월칠석에 제사를 지내던 당산목
이다. 완창리 안심사 입구에 있는 소나무는 노거수이다.

즐겨 심고 약재로도 쓰는 소나무

소나무는 한국 사람이 가장 좋아하는 나무로 한겨울에도 푸르름을 잃
지 않아 절개와 의지를 상징한다. 소나무는 산성 토양과 햇빛을 좋아한
다. 뿌리와 잎에서는 갈로탄닌이라는 천연 제초제를 분비하기에 소나무
밑에서는 다른 식물은 자랄 수가 없다.

왕릉 주변은 대부분 송림이다. 무덤은 '음'으로, 소나무는 '양'으로 보
았기 때문이다. 소나무 뿌리로 송근유를 만드는데, 석유 대용품으로 쓰였
다. 송근유로는 가솔린도 만들 수 있어서 일제강점기 소나무 송진도 공출
대상이었다. 소나무 가지는 부정을 물리치고 나쁜 기운을 막으며 공간을
정화한다고 믿었기 때문에 출산이나 장을 담글 때 금줄에 숯·고추·백지와
함께 소나무 가지를 걸었다.

소나무 꽃가루인 송화가루는 차나 다식으로 만들어 먹었으며 중국의
《본초강목》이나 조선의 《동의보감》에서는 약재로 쓰였다. 완주에는 전통
소주에 송화가루를 넣어 백일동안 숙성시켜 만든 송화백일주가 있다. 소
나무를 태우면 기름기 때문에 그을음이 많이 생기니 그을음을 모아 송연
묵(松烟墨, 먹)을 만들었다. 송나라에서는 고려의 송연묵을 최고로 쳤다.

자장율사가 창건한 완창리 안심사

완창리(完昌里)는 고산군 운동상면 지역으로 1914년 행정구역 통폐합
에 따라 완창리 엄목리 현동과 운동하면의 안하리를 병합하고 완창리라

하여 운선면에 편입되었다가 1935년 운주면이라 이름을 바꾸었다. 안심사 아래에 있는 마을의 이름은 안심(安心) 혹은 안하리(安下里)이며 골짜기도 안심골이다.

안심사는 자장율사가 기도하던 중 '열반성지 안심입명처'로 가라는 부처님의 말씀을 듣고 이곳에서 와서 창건하고 이름을 안심사라고 하였다. 신라 선덕여왕 7년(서기 638)의 일이다. 안심사 절 앞마당에서 앞산 능선을 바라보면 누워 있는 부처님을 만날 수 있다.

안심사 사적비에 창건 이후 헌강왕 7년(875)에 도선국사에 의해 중창되었고, 신라 말기 조구(祖球) 화상이 재중창하였고, 선조 34년(1601) 수천 화상이 네 번째 중창했으며, 숙종 39년(1710) 신열선백에 의해 다섯 번째 중창했다고 기록되어 있다.

누워 있는 부처처럼 보이는 안심사 앞산의 능선

조선시대에 안심사에는 간경도감이 설치되어 있어서 경전을 찍어내었던 곳으로 한국전쟁 이전까지만 해도 무려 30여 채의 전각과 13개의 암자가 있었다고 한다.

1950년 한국전쟁이 일어나자 국군 8사단 88연대 3대대가 작전상의 이유로 안심사를 불태웠다. 이때 대웅보전 2층에 있던 경판본과 추가 제작된 경판이 대웅보전과 함께 소각됐다.

만해 한용운은 안심사에 한글경판이 있다는 이야기를 듣고 안심사에 유숙하며 느낀 감상을 적은 '국보(國寶)에 잠긴 안심사'라는 글을 1931년 잡지 〈삼천리〉 7월호에 기고한다. 또한 '명찰순례기'에서 안심사 대웅보전에 658판의 한글 경판이 있다고 적고 있다. 덕분에 우리는 안심사에 보관하고 있던 경판의 정확한 갯수를 알 수 있다. 현재의 대웅보전은 일연 스님이 2015년에 당시 모습으로 복원한 것으로, 석가여래, 약사여래, 아미타여래를 모시고 있다.

안심사 금강계단은 보물 1434호로 부처님의 치아 사리 1과와 의습 10벌이 봉안되어 있다. 1759년 조성한 안심사 금강계단은 중앙에 종 모양의 부도탑이 있으며 네 모퉁이에는 갑옷 차림의 신장상이 있다. 이곳에서는 출가자가 부처님이 정한 계율을 따르겠다고 서약하는 수계의식이 치러진다.

진신사리를 모시고 있는 불전을 적멸보궁이라 한다. 진신사리는 곧 부처님이기에 따로 불상을 봉안하지 않고 불단(佛壇)만 있는 것이 적멸보궁의 특징으로 바깥쪽에 사리탑을 세우거나 계단(戒壇)을 만들기도 한다.

안심사 동종은 일제강점기 공출을 피해 금산 보석사로 옮겨졌다가 60년 만인 지난 2004년 안심사로 되돌아왔다. 현재 안심사에는 대웅보전

외에 적광전, 삼성각, 산신각, 육화당과 요사채가 있다. 작은 개울 건너 삼성각은 무지개다리로 연결되어 있어 아름다움의 극치를 보여주고 있다. 산신각 자리는 이름난 명당이어서 이곳에서 기도하면 다 이루어진다고 한다.

안심사 사적비는 효종 10년(1658)에 세워진 것으로 당시 주지였던 처능 화상의 청으로 우의정 김석주가 글을 지었고, 글씨는 봉동 구미리가 고향인 홍계희가 썼으며 '대둔산안심사비'라는 전서는 영의정 유탁기가 썼다.

구사일생으로 살아남은 안심사 소나무

안심사 입구에 있는 소나무는 노거수로 수령이 약 200년 정도이다. 일제는 휘발유를 만들어 비행기 연료를 사용하기 위해 우리나라 소나무까지도 공출해갔다. 안심사 주변에도 송림이 우거져 있었는데 이때 다 베어졌다. 그러나 이 소나무는 수형이 너무나 아름다워 소나무를 베러 왔던 인부들이 남겨 놓았다고 한다. 구사일생으로 살아남은 소나무는 왕성했던 안심사도 보았고, 동족상잔의 아픔으로 불타는 안심사도 보았을 것이다. 그럼에도 불구하고 여전히 그 자리에서 독 야청청 수행하며 평안을 누리고 있다.

소나무 표지판

선종에서 안심은 분별과 집착의 모든 번뇌가 소멸한 깨달음을 터득한 경지이고, 입명은 깨달음이 성취된 상태에서 어디에도 얽매이지 않고 자유인으로 살아가는 것이다. 즉 안심입명이란 궁극의 경지에 도달함을 의미한다. 안심

안심사 소나무

입명처인 안심사에서 모든 번뇌에서 벗어나 해탈의 경지에 들어갈 수 있을지도 모르겠다. 안심사 소나무처럼.

• 팽나무가 들려주는 신월마을의 애환과 콩쥐팥쥐 이야기

완주가 배경인 최초의 소설

• 옮겨온 나무가 들려주는 전북혁신도시 이야기

동철서염 영광의 재현

팽나무가 들려주는 신월마을의 애환과 콩쥐팥쥐 이야기

완주가 배경인 최초의 소설

박 동 금

콩쥐의 외가, 신월마을의 애환

도로를 확장하거나 새로 개설할 때나 신도시를 건설할 때 오랫동안 자리 잡고 있던 마을이 분리되거나 다른 곳으로 이주해야 하는 상황에 부딪히게 된다.

2022년 여름을 달구며 폭발적인 인기를 보이고 있는 드라마 '이상한 변호사 우영우'에서도 비슷한 이야기가 나온다. 새로운 도로를 내기 위해 전형적인 소덕동 아름다운 농촌마을이 두동강나고 마을의 상징인 오래된 팽나무도 사라질 위기에 처하게 된다. 그러나 이 드라마에 등장한 천연기념물의 가치를 지닌 팽나무 덕분에 도로는 마을을 우회하고 마을의 희노애락이 깃든 팽나무도 천연기념물로 지정된다는 이야기다. 현재 드라마에 나왔던 실존 나무인 경남 창원시의 팽나무가 화제이고 실제 천연기념물로 지정될 가능성이 커지고 있다고 한다.

지금은 새만금 고속도로 건설을 위해 헐렸지만 나무가 주는 마을 이야기를 취재하기 위해 찾아갔던 2021년 봄에는 마을 입구에 신월마을 회관

이 있고 회관 옥상에서 회관 뒤편 장씨 집터에 200여 년이 된 우람한 팽나무가 서 있었다. 이서면은 전북혁신도시 건설로 삶의 터전을 바꾼 분들이 많은데, 고속도로 건설로 반세기 동안 두 번의 아픔을 겪고 있는 마을이 있다.

이서면 은교리 신월마을은 1972년부터 호남고속도로가 100m 이내 남북으로 가로질러 지나면서 들판과 인근 콩쥐팥쥐마을로 불리는 앵곡마을과 동서로 갈라지면서 현재의 마을 위치에 집을 신축하고, 소음으로 정신적 피해를 보면서 50여 년을 살아왔단다. 최근에 또다시 새만금 고속도로가 동서로 지나고 JCT가 마을 앞과 옆 50m 이내에 만들어지면서 23가구 남짓 이주하게 되었다. 팽나무가 있는 집에서 홀로 사시는 할머니도 나무를 두고 떠나야 하는데, 집이 허물어지고 마을이 없어지면 오래된 팽나무가 어찌될까 생각하니 마음이 아프단다.

반세기 전 호남고속도로로 마을이 쪼개지고, 이제 또 새만금 고속도로 건설로 인해 오랜 세월 마을을 지키며 살아온 주민들이 고향을 떠나야 한다. 고향을 떠나 낯선 곳에 정착해야 하는 주민들의 마음을 세심하게 살펴볼 필요가 있다.

신월이란 지명은 지형이 초승달 같아서, 또는 반월(半月) 명당이 있어 생긴 이름이다. 신월의 부분 명인 두죽리는 신월리 남쪽에 있는 마을로 '밧죽이'가 본 이름일 것으로 추정된다. 근처에 밥 짓는 솥 명당이 있어 솥에서 끓는 팥죽의 형국이라서 붙은 이름이다. 신월마을의 서쪽에 앵곡 마을이 있는데 콩쥐의 본가라 하고 신월은 콩쥐의 외가라고 한다. 콩쥐, 팥쥐와 관련해 '팥죽이 방죽'이 있다. 호남고속도로가 마을 앞을 지나고 있으며, 농로가 천변 옆으로 나 있어서 주민들이 통행하거나 인근 주민들이 산책로로 이용하고 있다.

투구봉에 은행나무 조림지가 있고 신월 방죽, 팥죽이 방죽, 마을 뒤 소나무 숲, 앵곡으로 가는 잔등 고개 등의 자연 생태자원이 있었다. 소나무와 대나무숲이 마을을 감싸고, 마을을 잇는 농로가 주요 교통로이자 주민들의 산책로로 천변에 자리하고 있으며 달뿌리풀의 자생이 많다. 신지산마을 진입로와 앵곡으로 이어지는 길에 배 과수원과 노변의 나무들이 어우러져 청량한 분위기를 연출하고 있는 전형적인 농촌 마을로 벼농사와 담배, 고구마, 감자 등을 재배하고 있었는데 마을이 사라지다니 나그네인 필자도 마음이 아픈데 오랫동안 살았던 분들의 마음이야 오죽하겠는가? 오래된 팽나무가 마을 앞에서 이루어지고 있는 문화재 발굴작업과 한 채, 두 채 집이 헐리는 것을 지켜보고 있다.

콩쥐팥쥐 배경지, 앵곡마을

"어, 콩쥐 팥쥐로가 있네!"

어릴 적 한 번쯤은 읽어 봤을 고전 속 콩쥐팥쥐가 도로 이름에 등장했다. 콩쥐팥쥐전 일부 내용이다.

조선시대 중엽 전라도 전주 서문 밖 30리에 살던 최만춘이라는 퇴리가 조씨 부인과 자식 없이 수년 동안 살다가 명산대찰에 불공을 드린 뒤 뒤늦게 딸을 얻고, 아이 이름을 콩쥐라고 지었다. 하지만 기쁨도 잠시 조씨 부인은 콩쥐가 태어난 지 백일만에 세상을 떠났으며, 최만춘이 콩쥐를 위해 이웃집에 젖 먹여 키우고, 부녀가 서로 의지하며 행복하게 살고 있었다.

이 콩쥐팥쥐전을 토대로 2004년 완주문화원에서 주관하여 고증작업을 벌인 결과 전주 서문 밖 30리에 있는 지금의 완주군 이서면 은교리 앵

신월마을 문화재 발굴작업(2021)

곡마을을 콩쥐팥쥐전 배경 마을로 고증하였다. 실제 고증된 마을과 '콩쥐 팥쥐로'로 명명한 716번 국도와는 거리가 좀 떨어져 있다. 콩쥐팥쥐로는 김제시 검산동의 검산사거리에서 시작하여 완주군 이서면을 거쳐 전라북도 전주시 완산구 효자동 3가 효자공원 앞의 유연로와의 삼거리까지 이어지는 총 20.2㎞, 4~6차로의 도로이다.

콩쥐팥쥐전의 배경으로 고증된 은교리 앵곡마을은 이서면 행정복지센터의 남동쪽에 있는 마을로《디지털완주문화대전》에 의하면 고려 때 삼례 도찰방에 딸린 앵곡(장곡)역이 있어 거란의 2차 침입 때 고려 현종이 피난 중에 머물렀다고 한다.

앵곡마을은 호남고속도로가 생기기 전에는 사라질 신월마을과 같은 들판을 사용할 정도로 가까운 곳이다. 콩쥐팥쥐 소설과 관련된 많은 지명이 남아 있으며, 마구간이 딸린 주막인 마방 자리와 말을 매어 두었던 돌 자리의 흔적까지 고스란히 남아 있다. 과거에 역참이 존재했던 마을이었기 때문에 많은 사람들이 왕래했고, 이곳의 지명과 연관해서 이야기가 수집되고 정리되는 과정에서 콩쥐팥쥐의 이야기가 만들어졌을 것으로 추정된다.

2019년 완주군 이서면 갈산로 전북혁신도시 안에 개관한 완주군립도서관도 콩쥐팥쥐 이름을 따서 '완주콩쥐팥쥐도서관'이란 명칭을 사용하고 있다.

현재 앵곡마을은 국비와 지방비로 콩쥐팥쥐 동화마을로 육성되어 콩쥐팥쥐 한옥리조트, 마을 공동체 사업으로 콩쥐팥쥐 벽화 만들기, 짚신 만들기, 인형극 등의 사업 등을 전개하고 있어 이야기가 있는 가족여행지로 추천한다.

이서면 주변 여행지

- **역사 문화 휴식 여행** : 이서 초남이 성지-콩쥐팥쥐동화마을 체험-콩 쥐팥쥐리조트 숙박- 구이면 모악산-남계정
- 농생명 자연과학 여행 : 농촌진흥청 농업과학원-축산과학원-식량과학 원-한국식품연구원- 원예특작과학원-물고기마을

참고 인용자료

디지털완주문화대전

옮겨온 나무가 들려주는 전북혁신도시 이야기

동철서염 영광의 재현

박 동 금

완주의 월경지 이서면

공공기관 지방 이전 추진계획에 따라 2015년에 경기도에서 전북혁신
도시로 옮겨 와 보니 내가 사는 이서면에서 완주군청이나 다른 읍면으로
가려면 전주시를 거쳐야만 왕래할 수 있
다는 사실을 알게 되었다.

이서면은 그동안 많은 지방행정 개편
과 결정적으로 1989년 인접해 있던 완
주군 구이면의 4개 리(중인리, 용복리,
석구리, 원당리)가 전주시 완산구에 편
입되면서 전주시와 김제시에 둘러싸여
저 멀리 서해바다 외로운 섬처럼 완주군
의 다른 지역과는 지리적으로 분리된 육
지의 월경지(越境地)가 되었다.

이서면은 수리시설과 토양관리가 잘

이서면 전경

되어 있어 주요 벼농사 지대이었으나 일찍이 배, 사과, 복숭아, 포도 등의 과수와 잎담배와 같은 소득 작물과 대량소비처인 전주시에 가까운 장점을 활용한 근교원예와 내수면어업도 활발하다. 이서면의 교통을 살펴보면 호남고속도로와 전주~김제 국도가 지나고 있으며, 현재 건설 중인 전주 새만금고속도로의 출발점이기도 하다. 아는 만큼 보인다는 말이 있다. 완주의 정체성을 확립하기 위해서는 완주를 알아야 한다. 그런데 지금 완주에 사는 우리는 완주 이서를 얼마나 알고 있을까?

20세기 전, 동철서염의 영광

완주군의 최서단에 위치한 이서면은 오래된 도시로 국내 최대 초기 철기시대 유적지인 신풍 유적지가 있다. 《디지털완주문화대전》에 의하면 신풍 유적지는 초기 철기시대 움무덤 유적지로 2009년 전주·완주 혁신도시 개발지였던 완주군 이서면 갈산리, 금평리 일대에서 발견되었으며, 당시 기원전 3세기 이후의 대규모 무덤군과 청동거울 등이 출토되었다.

확인된 움무덤 수는 70여 기로 국내 최대 규모로 움무덤 내부에는 좁은 놋단검과 청동거울, 검은 간토기 등 대표 부장품이 확인되었다. 신풍 유적지에서는 2003년과 2005년에 좁은 놋단검과 거푸집, 잔무늬거울 등 철기시대의 유물이 발견되었다. 이러한 유적은 전라북도 서부 평야 지대가 초기 철기시대 주요 세력의 거점이었음을 보여준 것으로 의의가 크다.

아마도 한나라가 세워질 무렵 중국의 선진 철기문화를 가진 이주민이 뛰어난 청동기술을 가지고 있는 토착세력과 만났고, 이들은 철광석을 찾아 만경강을 따라 완주의 동부지역으로 이주하였을 것이다

인류의 역사 발전에서 공헌도가 가장 높은 것 중의 하나가 철과 소금일 것이다. 철은 농사의 생산력을 높이는 농기구 제작과 정복 전쟁에 필요한 무기 재료로 사용되었고, 소금은 식재료의 보관과 활용도를 높이는 획기적인 재료였다. 그래서 세계 4대 문명발상지인 중국은 한나라 시대에도 소금과 철을 나라에서 전매하였다.

현재의 전라북도는 우리나라 '염철론'의 큰 무대였다. 전라북도 서부지역에서 소금이, 동부지역에서 철이 생산되었는데, 여기에 근거를 두고 전라북도를 '동철서염(東鐵西鹽)'으로 표현한다. 선사시대부터 줄곧 전라북도에서 생산된 소금과 철이 전라북도에 지역적인 기반을 둔 토착세력이 발전하는 데 결정적인 공헌을 했다. 초기 철기시대 현재의 전북혁신도시 등 만경강 유역에 지역적인 기반을 둔 선진세력에 의해 '동철서염(東鐵西鹽)'의 생산과 유통체계가 굳건하게 구축된 것으로 추측한다.

과거의 영광에 이어 최근에는 전주시와 연결된 전북혁신도시가 이서에 건설되었고, 미래먹거리를 책임질 첨단 농생명산업단지로 발돋움하는 중이다.

미래 천년, 첨단 농생명과학도시로

노무현 정부에서 국가균형발전을 위한 공공기관 지방 이전 추진을 위해 2004년에 '국가균형발전특별법'에 법적 근거를 마련하고, 공공기관 이전 방안의 기본원칙과 추진방안을 발표하였다.

그 뒤 2005년에 공공기관 지방 이전 시행협약 및 혁신도시 입지선정을 하였는데, 전북혁신도시 선정 지역은 이서면 금평리, 갈산리, 상개리, 용서리, 반교리 일원과 현재의 전주시 혁신동 지역이다.

전북혁신도시는 2008년에 공사를 시작하여 2013년에 지방자치인재개발원의 이전을 시작으로 2014년에 한국전기안전공사, 2014~2015년에는 보릿고개의 배고픔을 해결한 녹색혁명과 백색혁명을 주도했던 농촌진흥청과 산하 연구기관이, 2017년에는 한국식품연구원이 들어왔다.

어찌 보면 미래 천년의 먹거리인 첨단 농·생명 식품산업과 전기산업, 그리고 지역 인재 양성소와 같은 주요기관이 과거의 청동기와 철기문화를 꽃피웠던 이곳에 터를 잡게 된 것은 우연이 아닐 것이다.

또한 옮겨온 기관에는 건물과 사람만 온 것이 아니라 그 기관에 있었던 기념수(記念樹)나 이야기가 있는 나무도 옮겨 왔다. 이서면 반교리에 위치한 지방자치인재개발원에는 반송을 비롯한 18그루의 기념수가 있었는데 그중 다수는 1980년대 초부터 역대 장관들이 기념식수한 나무를 옮겨온 것들이었다.

국립원예특작과학원에는 초대원장인 우장춘 박사가 당시 김해지장에서 기념 촬영했던 오래된 반송 후계목과 만유인력의 법칙을 발견하게 한 뉴턴의 사과나무 후계목이 옮겨져 왔다. 이러한 나무들이 이곳에 다시 뿌리를 내리고 성장하며, 혁신도시의 발전을 지켜보면서 또 다른 이야기 거리를 만들어 줄 것이다.

전북혁신도시에 대한 평가는 코로나19 등으로 아직 조심스럽지만 2021년 10월 21일 한국개발연구원(KDI)에서 낸 '공공기관 지방 이전의 효과 및 정책 방향' 보고서에 의하면 부산과 전북 혁신도시가 비교적 성공 모델로 평가받는다고 한다. 부산과 전북이 성공 모델로 평가된 데는 인접한 지역의 대도시 인프라 활용, 양질의 교육·의료 여건에 따른 지식기반 산업 고용률 개선 등이 주된 요인으로 꼽힌다.

이서 혁신도시

공공기관 이전으로 모든 산업에서 고용 효과가 크게 나타난 지역은 전북, 광주·전남, 강원, 충북 등이며 특히 지식기반산업의 경우 전북과 강원, 부산에서 효과가 큰 것으로 나타났다. 이처럼 전북, 강원, 부산에서 지식기반산업의 고용이 높게 나타난 원인은 이전 기관의 산업이 이전 지역의 기존 산업에 영향을 미쳐 시너지 효과를 냈기 때문이다. 연구원은 공공기관 지방 이전 효과를 장기적으로 지속하기 위해선 이와 같은 지식기반산업의 고용이 필요하다고 봤다. 지식기반산업은 R&D 지출이 높은 산업으로 다른 산업에 비해 민간 일자리 창출 효과가 높아 지역 발전에 긍정적인 영향을 미치기 때문이다.

옮겨온 기관과 나무가 잘 정착하여 성장하도록 지역의 관심과 배려가 더 필요하다. 경상도가 고향인 필자가 전북혁신도시 끝자락에 정착한 이유는 근무했던 기관이 잘 정착했으면 하는 소박한 소망과 전북혁신도시

이서 혁신도시로 이전한 기관 전경

이서 혁신도시의 공원

에 여러 장점이 보였기 때문이다. 예를 들면 동서로 분리된 도시공간을 공원으로 연결하여 보행이 가능한 녹지가 많은 점, 농촌의 풍경을 학습, 체험, 감상할 수 있는 자연이 가까이 있고, 한복, 한지 등 한문화를 테마로 한 공원과 문화 체육시설이 가까이 있다는 것 등이다.

　앞으로 지속적인 지역 발전을 위해서는 조성된 공간을 잘 가꾸려는 노력과 공공기관과 지역사회가 협력하여 지역의 특성 산업과 시너지 효과를 창출할 수 있도록 함께하는 노력이 더 필요할 것이다.

나무가 들려주는 마을 이야기

© 만경강사랑지킴이 2022

발행 2022년 10월
지은이 만경강사랑지킴이
펴낸곳 겨리

전 화 070. 8627. 0672
팩 스 0505. 273. 0672
독자원고·이메일 gyeori_books@naver.com
신고번호 제2013-000009호

이 저작물은 〈2022년 인문교육콘텐츠 개발 지원 2단계〉
사업을 통해 국고 보조금을 지원받아 연구·제작되었습니다.